発達障害の私の頭の中は忙しいけどなんだか楽しい

なずな 著
● 高校生
松本 喜代隆 著
● 精神科医

自分と向かい合うことで 私の場合の 探した対処法

はじめに

はじめまして、私は、なずなともうします。

私は、５才のころ、「高機能広汎性発達障害（ADHD傾向）」と、診断されました。その当時は、私は発達障害というものがわからず、意味も理解できませんでした。

小学１年生まで、私は学校の支援教室に１、２時間行ったりしていましたが、両親は、学校の先生から「普通教室でも大丈夫でしょう」と言われたそうです。

しかし、だんだんみんなとの関係をつくるのが困難になっていきました。相手の気持ちを理解できないことも多く、友だちをキズつけてしまうこともありました。

小学４年生には、「強迫性障害」を発症し、人とのかかわりさえも怖くなっていきました。

そして、中学生時代、私は不登校を経験しました。たくさんツラいことがありましたが、中学１年生のある日、ある女性と出会い、人生の転機がおとずれます。

このときから、私は、自分というものを深く知るようになり、自身の経験を深く分析して、ときには、過去の行動を反省し、たくさんのことを学ぶことになります。

それまでは、「私」という自分を受け入れられませんでした。自尊心もまったくなく、「ダメな子」としか思えず、「自分の良いところなんて……ない」と「どうしてできないのー！」と、くやしさを毎日感じていました。

中学２年生のとき、今までの苦しかった思いを絵にしました。はじめは、暗いことしか頭に浮かばず、前向きな絵ではありませんでした。でも、だんだん描くうちに「私の特徴」を発見していきました。

そして、毎日の思いを絵や文章にして、母に見せていました。見せるたびに母から、「そうだったのか……こういうことでツラかったのか……」と言われ、今までことばでは伝えきれていない思いを、絵と文章で伝えられた感じがしました。

そうするうちに、私の「困りごと」「対処法」を、見つけていきました。はじめは、「こういう対処法がいいかも！」と思いためしてみても、「これは私には合わない……」ということもあったり、試行錯誤をくり返しました。

そして、対処法を見つける以外にも、私は自分を受け入れはじめたのです。自分を責めることしかできなかった私でしたが、少しずつ自分を好きになっていきました。

この本は、私の主治医の精神科の松本喜代隆先生に、私の症状や体験をマンガにした絵をお見せしたことがきっかけとなりできた本です。

「私の場合」の体験、症状、対処法を、マンガと文章でお伝えし、松本先生により詳しく解説、対処のヒントをしていただいています。

すべての人たちにあてはまるものではありませんが、この本が、同じような苦しさや困難をかかえている人たちや、家族、まわりの人たちに、少しでもお役に立てたらと願っています。

2020年10月　なずな

はじめに

松本先生（精神科医）

なずなさんの絵の力にみちびかれて、この本はできあがっています。

ことばだけでは表現しつくせない世界が描かれていて、発達障害をもつ一人ひとりの子どもたちが、どのようにその子ども時代を生きているかが、とてもわかりやすく描かれています。

どうかみなさん、ぜひ、マンガの中のなずなさんに自分を重ねて読んでみてください。

発達障害という視点（診断ということばを横に置いて、あえて視点と言います）は、人間をよりよく知り、理解するための視点です。

あなたが、発達障害をもっていてもいなくても、なずなさんを知る、発達障害について理解する、ということは、必ず、より自分を知り、自分以外の人をより知ることにつながります。

みなさんのまわりにもたくさんいるであろうなずなさんを、そっと助けてほしいと思います。

この本は、なにが助けになって、どのようなことばが実は苦しめているのかに、気づかせてくれる本でもあります。

気づくことが、今後、障害のあるなしにかかわらず、私やあなたが一緒に生きていくうえで、大きな助けになってくれるはずです。

2020 年 10 月　松本喜代隆

1章

私の やっかいな特性 と対処法

私の場合 1　フラッシュバック

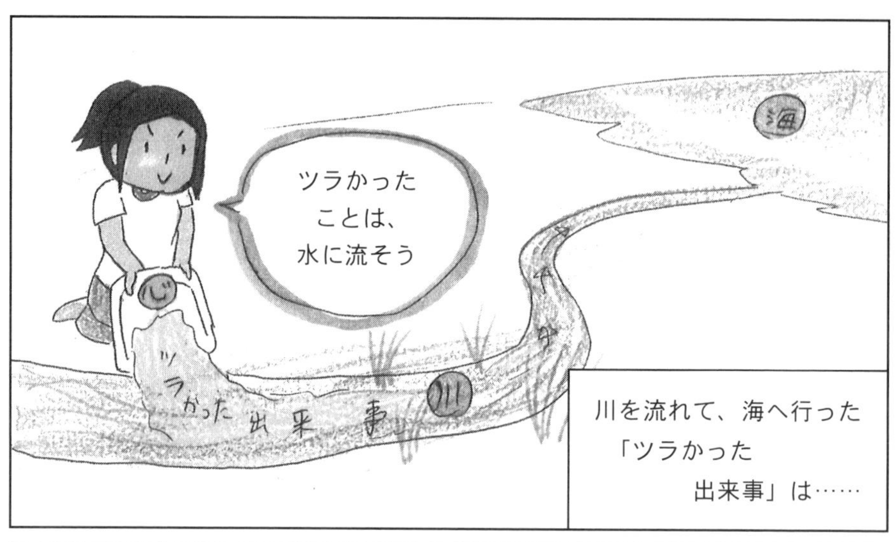

私の場合は

急に、または、きっかけがあって
昔のツラかった出来事の記憶が
ほぼ全部、
鮮明によみがえることがある

1 フラッシュバック

「気にしない」って、どうすればいいの？

いつもいつも、私が昔の出来事で苦しいわけではありません。少なくとも私は、年月がたつにつれて、心の痛さがうすくなっていくことも多いです。

でも、「痛かった思い出」を呼びもどす刺激が加わると、一気に頭の中がトラウマの痛さにおそわれ、もうことばにならない状態になるのです。たえがたいツラさで、倒れることもありました。

また、幼いころにひどいことを言われたことを、そのときはなんとも思わなかったとしても、ふと思い出したりして、「ん？ あれって……」と記憶が時空を超えてよみがえり、自分でも、「なんで今さら……」と思いながら、苦しむこともあります。

まわりの人には、「気にしすぎだよ」や「忘れなさい」としか言われない時期もあり、「私の努力が足りない……」と思い、ずっと、「気にしない！気にしない！」と言い聞かせてがんばっていましたが、乗り越えることはできませんでした……。

なので、ある日母に、「気にしないで、忘れるって、どういうこと？」と聞いてみました。小さいことでつまずきやすい私には、「気にしない」ということがまったくわからないのです。

母は、「流せばいい」と答えてくれました。「じゃあ、どうやって流すの？」と返すと、母は返事に困っているようでした。「流す」と言われても、私にはどうやって流すのか、わかりません……。

私の対処法

無理してがんばるより、助けを求めて

ことばで表現しきれていない部分もたくさんあります。頭の中がツラい記憶の濁流にのまれていて、あえて言うなら、「逆らえない」です。そんな中で、必死にもがいて乗り越えようとがんばっても、私は逆に、さらにパニックが大きくなります。

しかし、これは、「"努力"だけではどうにもならない」「無理をしてがんばるより、助けを求めるのも大切ではないか」と、私は思いました。

私の場合は、「フラッシュバック」「パニック」になったときには、背中をさすってもらっています。背中をさすってもらうと、興奮状態の頭の中が少しずつ安心や落ち着きをとりもどせるようになり、早く回復できるからです。

小さめのフラッシュバックのときは、かろうじてことばで説明できるので、「今、こういうことが頭の中で激しく荒れていて、記憶が痛い！」と母に聞いてもらうこともあります。

ひとりのときは、あまりにも大きいとどうしようもないため、危ないなと感じたら、なるべく刺激の少ない暗いところで休んだりと、対処法をためしています……が、これは私にはちょっとうまくいかないな……危ないなと感じたら、少しゲームなどをして気分を変えたりする、なども考えています。

「少しずつ」が、今の私のモットーなので、これからも少しずつ対処していこうと思っています。

突然やってくるフラッシュバック

フラッシュバックとは、過去の思い出、特にひどくキズついた思い出が、キズついた当時の心の状態のまま、よみがえることを言います。ツラさ、苦しさ、怖さ、悲しみ、不安、心や体の痛みなどなどです（なずなさんは「痛かった思い出」と表現しています）。

何年も前のことなのに、よみがえった瞬間、ツラさや苦しみまでもがありありと再現されるのです。あなたが20才であっても、40才であっても、一瞬でキズついた8才のあなたに心はもどってしまいます。瞬間的に、身体ごとワープした、タイムスリップした、という体験なのです。パニックになるはずです。

フラッシュバックはどうして起きるの？

人の記憶は、そのときに味わった感覚とともに脳に記憶されています。不安が強く伴う記憶は、脳に強く刻まれやすいと言われています。

別のことで感じた小さな不安がきっかけとなって、その不安と直接には関係のない、過去の強い不安の記憶が呼び覚まされることがあるのです。「自分がこわれそうな」、「助けがないような」、「コントロール不能におちいりそうな」、「底なし沼に足をとられるような」……そういった様々なことばでは言い表すことのできない感覚の記憶も、同時によみがえることになります。

このため、フラッシュバックにはパニックがくっ付いてきやすいのです。まわりの人は、「どうしてこれくらいのことで？」と思うかもしれませんが、このとき本人は過去と同じ心の体験をしているのです。

対処法のヒント

必要時におくすりの助けを借りることも、ひとつの方法ですが、おくすりですべてが解決できるわけではありません。それぞれの人がいろいろな対処法をためしてみて、自分に役立つ方法を見つけていくことが大切です。

手ごわい相手には、真正面から向かっていくばかりではなく、まずは、日常体験する不安への対処法を考えてみることが、スタートです。

ヒント1 ● 具体的な体の動きが助けに

今の不安をどうやってなだめていますか？、誰か打ち明けることができる人がいますか？、誰もいなければ、自分の心の中の誰かに打ち明けるのもありです。「お守りをたくさん集めてにぎりしめる（手作りで中に自分が好きなものを入れておいてもいいかも）」、というのはどうでしょう。好きな味のガムをかむというのもいいなー。

これらは、瞬間の小さなお助けねらいです。にぎりしめることも、かむことも、体の動きを必要とします。具体的な体の動きを付け加えることが、助けになることがあります。

ヒント2 ● いい思い出が役に立つ

いい思い出が、防波堤のようにフラッシュバックの大波を弱めてくれることもあります。正確には、フラッシュバックが過ぎさったあとの心を立ち直らせてくれます。

なので、小さいときからこれまでの、宝物のような思い出をときどき思い出しておくことも役に立ちます。フラッシュバックのあとには、「なにか特別ないい思い出を思い出すようにする」と決めておくのもいいかもしれません。

私の場合 2 強迫性障害

私にとってのその障害は、
頭の中のツラさです

頭の中に、すごく**イヤ**な
不適切＆不謹慎（ふきんしん）な映像やことばが
勝手に 浮かぶ

しかも
頻繁（ひんぱん）に……

それは、見えたり、
聞こえたりするもの**ではなく！**
すべて、頭の中で起きるものです

幻覚ではありません…

その映像を
消すために
自分を叩いたり
ものに
あたったり
してしまう

そして、その映像がいちど頭に
浮かぶとなかなか消えず、
いつまでもつきまとう

そんな映像を、気にしなくていい
考えなくてもいい……と
自分でもわかっています

でも、 その強迫症状には
逆らえない……とてもジャマで
イヤで、たまらないものです……

うわっ！まただ！
強迫症状
がきたっ！
?!
ギャー！
こんなときは、
暗いところへ逃げる
こたつ
暗いと視界が真っ黒になり
こだわりのものも見えないし、
いろいろな情報がなくなる
外では逃げ場なし……
なので、この場合は……

においをシャットアウトするための
ハンカチで顔をかくす
ササッ
暗くなくても、顔がかくれれば
少し安心する
!!
どうしたのキミ？
カーテンをかぶって
カーテン
ちょっとまってて！
今、頭の中を
整理してるから！

2 強迫性障害

私の心が、汚いのだろうか……

「強迫性障害」の症状がはじまったのは、小学４年生のころでした。私の頭の中に、不適切、不謹慎な映像やことばが浮かんで消えず、授業にも集中できないくらい頻繁にやってきました。

その映像の中には、私がそのときに強いこだわりをもっているもの、キャラクターなどが出てきて、それが変に動き出し、運が悪いと実況が入ってきたりして、さらに追いつめられます。これは、「幻覚」ではなく、すべて「頭の中」で起こっているのです。

小学５年生になると、勢いよく過激化、エスカレートしていきました。なにをしても消えず、たえるのに精一杯。まわりにどう説明したらいいのかもわからない。

「気にしない」と言われても、気にしているのではなく、しつこくて、ジャマで、気持ち悪くて、困っているのです。「気にしない」と考えるヒマもありません。自分でもどうしようもなく、「私の心が、汚いのだろうか……」と落ちこんでいました。

私は、「ものは人の心の中を読める」と思っているため、「この変な映像を、ものに全部読まれている！」と思い、あせるし、ツラいし…「私が好きで考えているのではない！」と言いながら、闘いました。

こういうものが頭の中につきまとい、はなれず、原因もわからず、途方に暮れていました。すべて「頭の中」で起こることなので、外見ではまったくわからないと思います。

私の対処法

自分をなぐさめてあげる

症状をうまくことばで表現できるようになったのは、中学１、２年生くらいのときです。しかし、「頭に変な映像が浮かんでツラい」と説明しても、みんな「？」と反応をすることがほとんどでした。

中学２年生のとき、パソコンが手に入ったので、【頭に変な映像が浮かんで消えなくて、ツラい】というキーワードで検索してみました。すると、私と似たような経験をしている人がいることを知りました。

もっと深く調べていくと、「強迫性障害（OCD）」を見つけました。「これだ！」と思い、主治医に聞いてみました。主治医は、「強迫性障害」と診断しました。

私は今まで、「心が汚い子」と自分を責めつづけていたので、診断で少し安心した部分もありました。

映像の原因がわかっても、苦しいことに変わりはありませんが、原因がわかれば、「じゃあどうするか、どう対処するか」と、考えるきっかけになりました。

現在も、模索（もさく）している日々です。工夫だけではとても大変なので、医療の助けも必要としています。

人によって一番良い対処法はちがうと思うので、「これをすれば絶対に良い！」とは言えませんが、自分を責め立てて「気にするな！」と追いつめるより、自分をいたわってあげることも必要だと思います。

私は、「自分が悪い！自分のせいだ！」と思いすぎているので、「自分をなぐさめてあげること」も、少しずつ実践しています。

勝手に浮かんできて、簡単には消せないイメージ

自分の意思と関係なく、くり返し頭の中に浮かんでくる考えやイメージを「強迫観念」と言います。

そんなこと起こるわけがないと理屈ではわかっていたり、浮かんでくる考えがおかしいとわかっていても、自分の意思ではやめられないという特徴があります。

その人にせっぱつまった不安や、恐怖を与える考えやイメージが勝手に浮かんでくるので、不安や恐怖をふり払う行動をくり返しがちです。この行動が、「強迫行動」です。

強迫観念・強迫行動はどうして起きるの？

たとえば、「手にバイ菌が付いているのではないか、そのせいで怖い病気になるのではないか」という考えがくり返し浮かんできて、なんども、なんども手を洗う行為がくり返されたりします。

あるいは、口に出してはいけない不適切、不謹慎なことばが頭いっぱいに浮かんできて、「(言っていないと思うけれど) ついうっかり言ってしまったのではないか」という考えにとらわれて、言っていないことを、なんどもなんども確認したりすることもあります。

なずなさんの場合は、「不適切な映像（人物、キャラクター実況）がくり返し浮かんでくる」と訴えていて、やはり視覚優位になっているようです。

そして、このイメージはなずなさんの倫理観(りんり)との間に葛藤(かっとう)を生み、「私の心が汚いからだろうか」と、自分を責めてしまうのです。

対処法のヒント

わかっていながら、やめられないという苦しさへの理解が大切です。症状の苦痛に加えて、理解してもらえない困難までもが重ならないようにしてほしいと思います。

なずなさんの、「自分の症状を、なんとかまわりの人に説明できるようになったのは、中学生になってからだ」ということばも大切です。小学生時代やそれ以前の幼い心を思うと、胸が痛みます。

ヒント１ ● 「気にしない」は、本人を追いつめることにも

気軽に「気にしすぎだよ」とか、「忘れなさい」とか「流しなさい」という助言をしないことです。やがて、「それができない自分が悪い」「自分の努力が足りない」と強迫に悩む本人をさらに追いつめていきます。なずなさんは、「気にしている」のではなく、「しつこくて、ジャマで、気持ち悪くて、困っている」と言いたかったのに、当時はうまく言えなかったのです。

ことばにするなぐさめや、はげましは大切です。ただ、そのことばを言いっぱなしにせずに、「このことばでキズついていませんか？」と、ときどき確かめてほしいと思うのです。

ヒント２ ● 行動療法と薬物療法で

なずなさんの体験からは、「目からの刺激を遮断する」ことは有効なようです。もちろん、ほかの刺激も少ないほうが望ましいです。

医学的には、認知行動療法や薬物療法、そしてこの２つの組み合わせが有効であることが確かめられています。病院に相談してみてください。そして、ひとりでたえるのではなく、協力して対処法の作戦が立てられるといいな、と思います。

私の場合 3　パニック

パニックには、
小～中～大～特大と
程度はいろいろある
小
特大
中
大
特小
大きめのパニックは、
こうなる
中パニックは、
呼吸が早くなり
うずくまるようになる

小パニックは、頭の中が熱く
なって、ただ苦しい
重低音リズムを聞いたときは、
小～中パニックになりやすい
ズンズン
あ゛ーっ
こういう場合は、放っておくと
大パニックにつながるため、
早めにその場を立ち去るのが吉
サササッ

パニックの
原因のほとんどは

・フラッシュバック
・強迫症状
・思いこみ
・思いがけない
　出来事など

大パニックを起こすと……

全身に
ものすごく力が入り
過呼吸になる……

大パニックは …… それは、
「おさえる」の程度の話じゃない
私にとってパニックは、
命がけと言ってもいいくらい
「がまん」でもおさえられないこと

程度はいろいろですが
大は特に **ツラい**!!

私だって、
パニックになるのは **イヤ！**
でも、パニックになると
どうしようもないのです

表現すると、脳が噴火しそうとか、
今にも体がバラバラになるほど、
破裂してしまいそうで ……

大声を
出したりしないと
もう気絶しそうに
なる……

パニックがおさまると
私は心が苦しくなる……
もうしわけなくて……

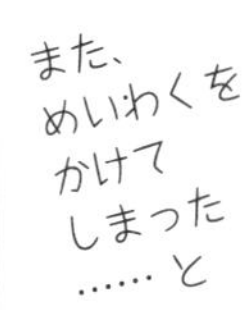

でも、パニックになったときは
くすりを飲んだあとに、
背中をさすってもらえれば幸いです
早く落ち着きをとりもどせます

3 パニック

体の自由がきかない、コントロールできない

私は、いろいろな刺激で「パニック状態」になることが多いです。パニックの大きさは、特小、小、中、大、特大という感じであります。

特大パニックになると、体全体にものすごく力が入ります。自力で必死に「やめよう」とがんばると、さらにパニックが大きくなり、私にとっては逆効果です。

小さめのパニックでは、そんなに体が硬直することはありません。頭の中が変にまわったり、熱くなったり、という感覚で、しばらくすると治ることが多いです。

しかし、いくら小パニックでも、放っておくと大パニックにつながることもあります。

外ではひどく緊張するため、パニックと緊張が重なり、なにもかもがわからなくなります。パニックで道にうずくまったり、バスの中が騒がしくて倒れてしまったこともありました。

学校などでパニックがきたら、あせります。「人前でカチカチになるのはイヤだし、めいわくかけてしまう！！がまん、がまん、がまん！！！」とこらえると、涙が勝手にぼろぼろ落ちて、手がこわばり、声が出ません……うずくまってしまい、先生に助けてもらったこともあります。パニックがおさまると、体がとても疲れます。

パニックをひとりでおさえる訓練もしました。でも、とてつもなく大変でした。

私の対処法

援助を求めて

私の場合は、「見た目」が元気そうに見えるらしく、「しっかりしている」とも言われます。でも、本当はすごくツラかったり、いろいろあります。「外見ではわかりにくいのかな」と感じます……だから、大変なことも多いような気もします。人知れず苦労（？）の中で生きているのかな……と思います。

本当のことを言えば、家の玄関を開ける瞬間から、緊張がはじまります。刺激の多い街中を歩きまわるのは、かなり無理をしています。

パニックになったときは、くすりを飲んで対処していますが、飲んだあとで背中をさすってもらうと安心感を感じ、めちゃくちゃになった頭の中を、早く整理できるようになります。

今でも、人の助けが必要なときは、「今、苦しいので助けてください」と援助を求めることがあります。

パニックの最中は、嵐の中にいるような感覚です。私ひとりでその嵐と闘っても、勝てません。「上手な対処法を考える」ことで、激しい嵐を「軽減」することは可能です。

いろいろな特性に対する対処法を、学校や信頼できる人たちに説明しておけば、相手も私も安心してお話しができると思います。特性を伝えずにいきなり私がパニックを起こしたら、「相手の人もびっくりするのでは？」と、私は考えます。

「伝えることで、お互い無理なく、付き合える」、私はそう思います。

てごわいパニック

ふだん私たちは、自分が自分をコントロールしていることを、あたりまえのこととして、特別に意識することもなく過ごしています。

「私は、私です」。はっきりしています。

ですが、なんらかのきっかけ（フラッシュバックがきっかけのことも、もちろんあります）で、強い不安・恐怖におそわれ、急速におろおろと混乱し、なにをどうしていいかまったくわからなくなり、自分のコントロールが失われてしまうような激しい不安・恐怖状態におちいることを、パニック（恐慌）と言います。

パニックになるとどうなるの？

程度が強ければ、体が固まって動かなくなったり、興奮して走りまわったり、声が出なかったり、逆に大声で叫びつづけたり、倒れてしまうこともあります。頭の中はめちゃくちゃになって、様々なものが散らばっている状態です。

大、特大パニックは、不安発作の延長上の、いわゆる診断学的パニックよりレベルが上の、最大級の「心身恐慌状態」といった困難のようです。

パニックの最中に、「しっかりする」などということは不可能です。なんとか嵐が通り過ぎるのを、安全に待つしかありません。通り過ぎたあとは、体も心も疲れはてています。

対処法のヒント

みなさんが、ことばが通じない外国に行って、もしパニックになったとしたら、周囲の外国の人にどうしてほしいですか？

「どうしたの？」とか「なにをしてほしいの？」と遠くからたずねられても、ことばがわからないのでなにを聞かれているかわからないし、伝えようもなくて、ますますパニックがひどくなりそうですよね。

でも、静かにそばに来てくれて、おだやかな声で「大丈夫よ」と言いながら、手をにぎったり、背中をさすってもらうと、やがてパニックのピークは過ぎ去りそうだと思いませんか？この方法は、実は、大泣きしている赤ちゃんにしてあげるのと同じですよね。

お互いにことばは通じなくても、声の調子や、やさしいタッチで、安心が伝わります。

ヒント１ ● ほかの人に対応してほしいことを紙に書いておく

パニックになることが多ければ、パニックのときにどういう対応をしてほしいか（あるいはしてほしくないか）を紙に書いて、財布などに入れておくのもいい工夫だと思います。

ヒント２ ● 自分に効果のあるおくすりを用意してみる

パニックになりそうなときや、パニックになったときに助けになるおくすりを用意しておくことも大切だと思います。

また、なずなさんは、２つのことを強調しています。

・パニックは、やがて必ずおさまる！ということ。

・パニックと闘って勝てなくても、上手な対処法を考えることで、激しい「嵐」を軽減することは可能だ！ということ。

おまけ❶ 感情の波

感情の波が極端に変わる
たとえば…
楽しくひとりごと中
あれは11才のころだったな～♪ずっとほしかったものを買えたのは
突如、頭の中のツラい記憶に引っかかる
11才ね～…
……………。
んん……？
あれ？！？！
……………。
な…なんで…
ツラい記憶が　押しよせてくる……
今、ツラい思いにあっている感覚、
11才の日の苦しい思い出……
せっかく楽しくしてたのに……
快晴からいきなり大雨状態
波の極端な変化は、その日の体調によっても大きく変わる

2章

私の日常的な特性と対処法

私の場合 4 こだわり

私の特定のことに対する
こだわりは、ほかの人にとって
どうでもいい
ようなことまで
こだわりまくる！
白猫のしっぽは
とがってないとダメ
アニメのストーリーより、ねこの
「しっぽ」に集中しすぎていました
ムム…
うん、うん
いいねー！！
と思って私が
注目とりるところは…
しっぽの毛の
フサフサ度は、どれくらいか、
そのギザギザは、何個あるか、
いつもいつも、数えて、数えて
1.2.3.
4.5.6
数えまくって
遊んでいた
テレビの主人公……ではなく
主人公の「しっぽ」だったりする
ほかにも……猫のキャラの
「ひげの動き」に注目したり
うさぎのキャラの
「耳」に注目したり
ペコンとなると
ワクワクする
時代があった

5～6才のころ、
いつも私はDVDの同じシーンを
何回も巻きもどして見ていた

水しぶきのシーンや、
ドレスがひらひら舞うシーン
など……

ひらがなの「あ」も、
そのときの私にとっては
と～っても特別な存在でした

ただし、
「あ」の前では食事ができないという
私の法則があったため、食べるたびに
タオルでかくしていたことも……

お寿司屋さんでは、「あ」に気を
とられすぎて食べられないことも…

ものに対するこだわりが強い私……実は、幼いころから現在まで
強いこだわりをもっていたものが、いろいろあった。

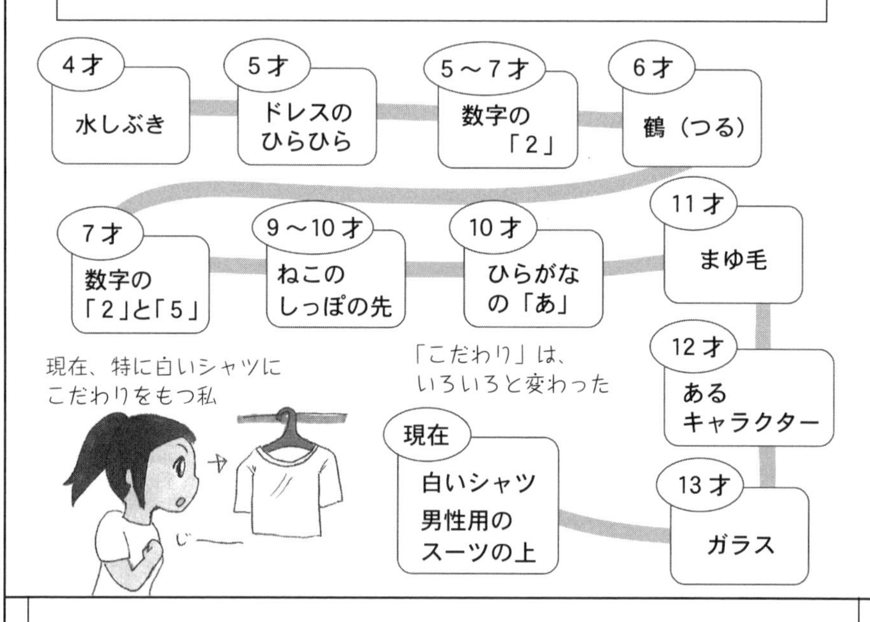

私は、「ものは私の心を読める」と思っている。（個人的にはです）

こだわりを
もつものが
私を見つめて
いるような
視線を感じる

頭の中の変な映像を
読まれていると思い、
ゾッとすることも
しばしば……

「見られている！」と思い、
気をはってしまう
落ち着かないことも……

でも、面白いことを考えて笑ったりすると
ものも一緒に笑っている感じがして、
うれしくなるのです。

私の場合、
こだわりをもつものの
ある「動き」や「変化」を
見ると……背中に
激しい電撃が走る
感覚になる

たとえば……

水にこだわっていたときは、
水しぶきを見ると
電撃が走った

「あ」のときは、
「あ」に濁点が
付くと電撃

ガラスにこだわって
いたときは、
ガラスに
ヒビが入ったり割れ
たりしたのを見ると
電撃

まゆ毛のときは、
まゆ毛が八の字になるのを
見ると電撃

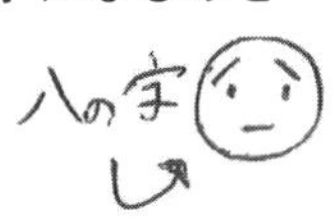

現在は……

服などが
やぶれるのを
見ると

4 こだわり

私にとっては、ふつうの行動

私のものへ対するこだわりは、昔から現在までいろいろなものに変わっていきました。

幼少時代、水が大好きだった私は、水を見ると水しぶきを立てたくてたまりませんでした。テレビのアニメで水しぶきのシーンを見ると、異常なほど見入って、なんどもなんども水しぶきのところだけ巻きもどし、再生し、スローにして見ていました。

プールで人が水に飛びこんで水しぶきを立てるのを見ると、「負けない！私だって、もっと水しぶき立ててやるんだから！！！」と燃えてしまい、プール教室に父を呼んで、私がプールに飛びこむのを動画で撮影してもらいました。

その撮ってもらった動画をまたなんどもスロー再生にして、満足するまで、いつまでも見ていました。

中学生のとき、母はあのころの水しぶきの話を、「なんでこの子はなんども同じシーンばかり見ているのか、意味がわからなかった」と、言っていました。

しかし、私はその行動は変だとは思っていませんでした。なぜなら、楽しんでワクワクして、私にとってはふつうの行動だったからです。

小学生時代は、新たなものにこだわりはじめました。ザックリ言えば、数字の「２と５」、ひらがなの「あ」、「猫のしっぽの先っぽ」、「まゆ毛」などなどです。

小学４年生のころは、猫のしっぽにとてもこだわりが強く、「猫のしっぽの先はとがっていないとダメ」「毛がフサフサでないとダメ」「色は白じゃないとダメ」など、私の法則がありました。

友だちに「フサフサの毛の猫のイラストを描いて」と頼み、ワクワクしながら見ていると、なんと、毛深くなく、しっぽの先もとがっていない猫になっていました。私はショックのあまり、「なんで！？つるつるの猫にしちゃったの！」と、怒ってしまいました。大ゲンカになったこともしばしばありました。

ほかにも、フサフサの猫のキャラクターを集めて、全身の毛の「フサフサ度」を比べていました。フサフサ度とは、「毛」として描かれているギザギザの数のことです。「こっちの猫キャラのフサフサ度は87個、この猫のフサフサ度は51個……」と、数えている日々でした。

高校生になった私は、「白いシャツ」や「白い服」などに、こだわりをもちました。いつも見えるところにあると、なんだか愉快だったり、うれしかったりします。

しかし、「ものは人の心を読める」と私は思っているため、「見られている！」という視線を感じることもよくあります。

それが理由で、緊張してしまったり、「白い服がある部屋には入りにくいな……」と、自分の部屋に入ることをためらってしまうこともあります。

その日の頭の中の調子や気持ちなどで変わりますが、「あると少し落ち着かないような……でも、あったほうがなんだか楽しい！」と、私の頭の中では忙しい毎日がくり広げられています。

4 こだわり

背中に電撃が走る

もうひとつ、私は強いこだわりをもったものに「動き」や「変化」を見ると、背中に激しい電撃が走る感覚になります。

これは表現がむずかしいため、精一杯の表現方法として「背中に電撃」という表現にしました。この感覚は、うれしいでもなく、苦しい、というわけでもありません。一番近い表現で言うと「衝撃的」なのだろう……と私は思っています。

この感覚は、昔からありました。「水しぶき」時代も、水しぶきを見た瞬間にものすごい衝撃を感じていました。そのころは、なんか面白いような、不思議な感覚でいたのでしょう。

ひらがなの「あ」の時代には、「あ」に濁点が付いたのを見ると、背中がジクジクっとして、興奮してしまったり、「まゆ毛」の時代は、まゆ毛が八の字になるのを見ると、ジクジクしたり……。

「白い服」も、たまにアニメなどで服をやぶるシーンが出てきたりしますが、同じように私の背中や頭が大きく反応してしまいます。

こだわりのものがこわれてしまうのを見て、うれしいわけではありませんが、なぜか背中にジクジクがきて、頭がヒヤヒヤしたり、びっくり（?）した感覚になったり……。

自分でも、この感覚が不思議でたまりません。まだまだ、わからない世界です。

私の対処法

支障が出ることもあるけど「楽しい！」と感じる

こだわりが強いために、日常生活に支障が出ることも多かったです。

小学生時代、「あ」や、好きなキャラクターなどの前では、食事がむずかしいということがあり、家の中でも食事をする前にまわりをチェックして食べていました。

小学４年生のときに、家族でお寿司屋さんに行きました。私は、お寿司が大好きです。しかし、その日は、私の頭の中が整理できていない状態でした。お店に入り、「あじ」と書かれた札を見つけたその瞬間から、もう私の頭の中は「あ」でいっぱいになりました。

「“あ”がある……あ……あ……」という状態になり、お寿司を食べる余裕がなくなり、結果、まったくお寿司を食べずに、両親が食べ終わるのを待って、帰りにコンビニでおにぎりを買ってもらい、車の中で食べました。

日常生活に支障はありますが、こだわりが強いことで、あることに心から没頭できるし、真から「楽しい！」と感じることができます。

だから毎日、「こだわりのものと、なんだか楽しく過ごせているのだろう」と、私は思っています。

こだわりの世界

こだわる力は、もともと人間に備わっている力です。なにかに気を留めつづけることは、生きていくために必要な能力ですが、こだわりの程度が大きい場合、あるいはこだわりのために困り感が本人やまわりの人に出ている場合、問題となってきます。

発達障害においては、ことに特定のものやことがらに興味・関心が偏ってしまうことが多くみられます。注意のバランスや過剰な集中傾向とも関連があるでしょうし、先にあげた強迫傾向ともつながりがありそうです。

こだわりは「見る」ことで起きるの？

なずなさんのこだわりの描写からは、「見ること」と「こだわり」の関係の深さがうかがえます。

あまりに見つめているからでしょうか、なずなさんは、「ものは人の心を読める」と思っています。「見る＝見られている」が、不可分のような世界なのでしょう。そこには、統合失調症の「注察妄想」といった症状とはちがう、「視線」の感じ方があります。

それから、こだわっているものの特定の動きや変化を見たときの感覚を、「背中に電撃が走る感覚」と表現しています。

うれしいでもなく、苦しいでもなく、あえてことばにすれば、「衝撃的」としか言い表わせないのだそうです。どこか、快感にも通じるのでしょうか。こだわりと視覚は、快感のようなものでつながっているように見えます。

対処法のヒント

なずなさんは、こだわりはやっかいだけれど、こだわりがあるからこその大きなよろこびもあると言っています。

しかも、「真から楽しい！」と思えるよろこびだそうですから、それだけ聞くと、なんだかうらやましい気もしますね。

こだわりが強いためのマイナス面ばかりにスポットをあてずに、こだわりは「その人の人生を豊かにするスパイスのようなものだ」と考えて、肯定的に受け入れておくことが、こだわりに対するひとつのコツのような気がします。

私たちには、人のこだわりを尊重するという態度が求められています。

ヒント１ ● こだわりでこだわりを制する

こだわりの苦しさやマイナス面は、別のこだわりで置きかえるという考え方もありです。自分の中のこだわりＡをもって、こだわりＢを制するイメージ。

万能な方法はありませんが、その場をしのぐためのひとつの方法です。こだわっていて楽しいこと、好きなこだわり、疲れないこだわりを、ときどき呼び出せるようにしておくことができるといいですね。

私の場合 5 感覚過敏（音・におい）

私が **大** の苦手だった音

・バスのドアが開くときの
　「シュ～」という音
・運動会のピストルの音
・ザワザワしている人の声
・楽器の音
・花火の音
　などいろいろ……

5才のとき、私の赤ちゃんのころの
ビデオを見たとき

赤ちゃんの私の泣き声が激しく
耳に響いてツラかったことも……

小学3年生のころから
大 の苦手だった音が
だんだん大丈夫になってきた

でも、完全に治ってはいない

耳をふさぐほど
ではないけど
脳に音が
たまっていって
頭が疲れて
しまう

わずかな音にも反応してしまう

・小さい物音、時計の秒針など
・テレビの電源を切ったあとの
　「ピ～」という音
・蛍光灯の音
　など…

高校生時代の私は、外出するとき
この方法で、感覚過敏の
不安と症状を和らげていた

日々、恐怖の中にいた

私は、特に「音」に過敏でした。完全に治ったとは言えませんが、今現在は、幼少期に感じていた音のツラさは、とても和らいでいます。

幼少期は、本当に音がダメでした。音が鼓膜（こまく）にガンガン刺さって響いて……音が「うるさいからキツい」などという程度ではなく、頭や耳に刺さり、「死ぬのではないか！」と、日々恐怖の中にいました。耳をふさいでもすごく痛かったです。

保育園のころは、みんなの「キャー」や「わぁー」という声が耳に突き刺さる感じで、たえがたかったです。

家族の迎えが遅くなった日、「いやあああ！うるさいぃぃ！！」と泣いてしまい、「なんでもっと早く来てくれないの！！」と怒っていた記憶があります。

年長になると、マーチングの発表があります。楽器の練習をして、本番までみんながんばっていました。でも、それもダメでした。私は、「シンバル」「大太鼓」など、楽器の一つひとつの音がキツくて、別の部屋で先生と２人で練習していました。

「みんなは、なんで平気なんだろう……？」と思っていました。ある意味「すごいなあ……」と思います。

本番、私は音が原因で欠席しました。数日後、マーチングの本番の映像を見ました。みんな、カッコイイ衣装を着て演奏していました。

私の対処法

がまんしないで「自分の身を守る」

体調によって、まわりの音が頭にたまっていく感覚になり、苦しくなることもありました。食事中に、まわりのお皿とスプーンの触れ合う音と、話し声が耳につまり、鼓膜が振動する感覚がはっきりわかって、痛く感じることもよくありました。

保育園のころ、イヤーマフをすすめられたこともありましたが、そのころの私は、みんなとちがうことをするのがとてもイヤでした。

みんなと同じじゃないと目立っているし、「なにか言われる」と思い、怖かったです。こんな感じだったので、幼少期はがまんばかりしていました。

耳栓も、「まわりの音をすべて消してしまうし、危険を知らせる音も消してしまい、逆に危ないのでは？……」と思っていました。

しかし、高校１年生のころ、外出のときに耳栓をためしてみると、案外まわりの音は完全に消えず、少しまわりの音が下がった感じになりました。耳栓は、あまり目立たないので、そこも私にとっては好都合でした。また、外出したあとの疲れが少しラクになりました。

今は、「みんなとちがうことがイヤだ」とはあまり思わなくなりました。必要なら対策しないともっと大変ですから。「自分の身を守る」ことを、優先する考え方になってきました。

そして、私の場合、特定のにおいはまだ苦痛ですが、音が脳を刺すような感覚は和らいできました。和らいだ今でも、外出のときは、ハンカチと耳栓をいつも持ち歩いています。

私の場合 6　特定の音がツライ（感覚過敏）

苦手な「効果音」に
ついてのお話

効果音とは
アニメや
ゲーム
などの中で
使われる音

好きな効果音もありますが
苦手な効果音も多い……

・雷ふうの効果音
・低い「ボワン！」という効果音
・重低音のリズム

音の質や種類、楽器によって
苦手度は変わる

だから私は、パソコンで動画を
見るときは注意して、
音を最小か消音にしている

動画を
見るのは
好きだから
♥♥

動画の中には、苦手な音や
効果音がい～っぱい！
（でも、好きな音もある）

さらに
苦手な効果音を
聞くと……

音が脳に焼き付けられ
あとになってからも
音と映像が
鮮明に思い出される…

音楽の中にある
重低音やリズムも苦手
ヒャッ!!
デパートなどで…
リズム
耳に
ズンズン
響く重低音
を聞くと…
頭の中の変な映像とその重低音が
統合し映像化してしまう
ガーン…
映像…
ウゥッ
そして新しいイヤな
映像ができてしまい
パニックになる

音が頭の中で映像化して
具合が悪くなってしまう
映像の中には、
私のこだわりのものが出てきて、
アニメーション化するし、こだわり
のものから見られていると思い、
さらに苦しく
なる…
音
映像
音
映像
なに
考えて
るんだ
この人
デパートで耳栓をしていても
その音は聞こえてくる
ズンズンする音
特定の音に
慣れること
はできない
みたい……
うまく付き合
う方法はな
いかと探
している
ところ
タン
タン
タン

6 特定の音がツラい

「頭の中が大混乱する！」

私の特定の音がツラいというのは、うるさい感覚と少しちがいます。「うるさい」は、音が脳を刺して「痛い」ですが、「特定の音がツラい」というのは、「気持ちが悪い」、「不快を感じる」ということです。

私の場合、特定の音とは、アニメやゲームに使われる効果音だったり、音楽の中に混ざっているリズムの音だったりです。一番苦手なのは、「重低音のリズム」です。昔から闘う相手でした。

なぜそれらがツラいのかを一言で言うと、「頭の中が大混乱するから」です。

デパートなどでは、いろいろな音楽が聞こえます。そして、いろいろなものが見えます。いろいろな見えるものに、大の苦手な「重低音のリズム」が入ってくると、私の頭の中で、ものがリズムと統合し、編集し、アニメーションにし、映像化してしまうのです。どんどんつくりあげられる映像に、一つひとつ対応しているとキリがないです。

さらに、目にはこだわりのものばかりがあり、「ものにこの変な映像を読まれてるっ！！！」と、さらにあせります。私の世界は忙しく、かなりの体力を消耗してしまいます。

家では、「消えてよ！」と言ったり、自分を叩いたりして、一時的に追い払えますが、外ではそれができません。もし、私が外で「しつこい！！」と言いながら自分を叩いたら、まわりの人はびっくりするだろう……と思います。

私の対処法

少しずつ知っていく

小学校でも、給食のときに放送される音楽の音がツラく、たえきれず泣き出してしまったことがありました。まわりの人は、「なんで泣くの？」とこそこそ話したり、変に思うクラスメイトも多かったです。

そのときの担任の先生は、いつも私を気にかけていてくれました。たくさん私の話を聞いてくれて、ときには家にまで来てくれたこともありました。先生は、放送委員に音楽の音を小さくしてもらうように言ってくれました。

うまく伝えられず、誤解を招くこともありました。そのとき、私にできることは「ひたすら、たえるだけ」でした。

中学２年生のときにはじめて、私に「発達障害」があることを理解しました。その日から私は、「自分の困っていること」「ツラいこと」などを少しずつ知っていき、細かく分析していきました。自分の現実を見つめて、深く考えていました。

それまでは、「がまん、根性で乗り越える」で、「少しは自分の体調と相談しながら無理をしない」という考え方は、私の辞書にはありませんでした。しかし、そのころから「そういう考え方もありなのか！！」と、強く思うようになりました。

効果音は、耳栓をしていても聞こえてきます。「特定の音」は、頭の中でイメージしただけでツラいです。実際に聞いていなくても考えるだけでアウトです。慣れるのは、ほぼ不可能なので、対策を少しずつ考えていきます。

警報が鳴りっぱなし

感覚は、生物が生きていくために体外の環境を知るセンサーのようなものです。音、味、におい、触覚、痛み、熱い冷たい、様々な感覚をフル活動させながら、私たちは毎日を過ごしています。

感覚は、危険を知らせる警報の役目でもあります。センサーの感度が鈍いと役に立たなくて困りますが、逆に、センサーがとても敏感なことを、広く「感覚過敏」と呼びます。発達障害の人たちに多くみられます。「過敏」ですからね、警報が鳴りっぱなしの状態です。

感覚過敏はどのくらいツラいものなの？

感覚過敏は、「音や光に過敏なんだろうな」と、想像させることばです。自分の体験に引き寄せて、「大きい音や、まぶしい光が苦手なのはよくわかる」と、理解しがちです。

しかし、発達障害の人の感覚過敏は、想像力のレベルを上げて理解しないと、せっかくの共感もサポートも中途半端になってしまいやすいものです。では、どんな想像をしておけば良いのでしょうか？

なずなさんは、幼少期のころ、音が頭や耳に刺さり「死ぬのではないか」と毎日恐怖だった、耳をふさいでもすごく痛くて怖かったそうです。パニックや強迫症状と、常に隣り合わせです。

みなさんが経験した「もっとも大きい苦痛（恐怖や驚愕（きょうがく））の音や光などなどが、日常生活のいたるところにあふれている」と、想像力を最大にしてほしいのです。感覚過敏は、「そういう体験をしているのだな」という理解が必要です。

対処法のヒント

なずなさんは、保育園のころイヤーマフをすすめられることが多かったそうですが、そのころは、「みんなとちがうことをするのがとてもイヤだった」そうです。だから、がまんばかりしていたと言います。私たちは、この心情にも十分に寄り添う必要があります。

ヒント1 ● 小さな工夫をためしてみることが大切

なずなさんは、耳栓は目立たなくて役に立ったと言っています。もし、身近に耳栓がなかったら、ティッシュペーパーを丸めて耳栓代わりにすることもおすすめです。

そして、ガサゴソという音が苦手でなかったら、耳につめたティッシュペーパーをそっとさわってみてください。ガサゴソという音が、ほかの苦痛な音を和らげてくれるかもしれません。

がまんしていたら慣れるというわけではありませんから、具体的な小さな工夫をためしてみることが大切です。

ヒント2 ● 目立たないようにそっと助ける

私の外来の子どもたちに、「もし助けられるなら、どんなふうに助けてほしい？」と質問してみたことがあります。ほとんどの子どもたちの答えは、「自分が助けられていることが、ほかの人にわからないように、そっと助けてほしい」というものでした。

つづけて、「そっと、じゃなかったとしたら、どんなふうに助けられたい？」と聞いてみたら、「それなら助けなくていいのでほっといてほしい」という答えが大多数でした。

「目立たないようにそっと助ける」、ということが、誰かを助けるときの基本原則です。

私の場合 7　集中力

中学1年生のころは……

翌日の朝5時まで
やりつづけた

集中し出すとさらに燃えてしまい
完成するまでやめられない性格……

私の場合は、「最後までやる！」
という考えがあるため、
タイマーが鳴ってもやめることが
むずかしい……

今は、はじめから量を少なめに
決めて、長時間しないように
気を付けている

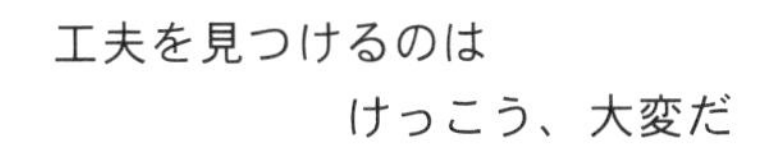

暗闇の中…

なにも見えない世界で、
かすかに光る「工夫」を探し出す！

7 集中力

集中してしまうときと、集中できないとき

私は、絵を描くことが大好きで、昔からいろいろな世界をつくり出し、ストーリーを考えて、たくさんの作品を作りました。ストーリーを描き出すと、突き進んでしまいます。小学生時代は、夜遅くまで描きつづけることがよくありました。

心から「楽しめる」「がんばれる」ことに集中し出すと、時間を忘れてしまいます。途中でやめることが、特に困難で、絵や作品を作るとき、「完成させるまで」やりつづけてしまいます。

こんな私なので、時間になっても、「まだ完成していないのに……」となってしまいます。時間を決めてとり組むことは、どうしてもむずかしいのです。

しかし、逆にものすごく集中できないときもあります。頭の中でグルグルと思いがまわり、注意が勉強に向かず、苦しい思い出が次々と私の頭をおそいます。「今は大事な時間だよ、ジャマをしないでね」と言い聞かせても、ダメです。

勉強中は、時間のほうが気になってしまい、集中できなくなり、すごくあせる気持ちになり、イライラすることがあります。

ご飯を食べるときも、「三角食べ」ができません。なので白ご飯をオカズなしで全部食べてしまうことも多いです。母から、「またひとつのオカズばかり食べて……」とも注意されますが、今度はこっち、次はあっちと考えながら食べると、なんか疲れるような……感じなのです。

私の対処法

時間を量で決める

集中力の管理、調節をすることは、なかなかむずかしいのですが、私なりの方法で「はじめから、少ない勉強量を決めてとり組む」を実施してみました。

勉強前に、1時間や30分で終わる量を決めて、「ここまでしたら終わり」として休憩をとることにしました。「ノート1ページやったら休憩」「リポートが1枚できあがったら休憩」という感じです。

時計を見てお昼ご飯まで2時間だったら、「2時間以内でできること」を考えて勉強します。なにも決めずに真剣にやりすぎて突っ走ると、あとで大変なことになります。

集中して勉強しているときも、時計をそばに置いて少し気が緩んだときに時間チェックをしたりして、あまり時間ばかりに注意がいきすぎないようにも気をつけています。

はじめから少ない勉強量を決めても集中できないときは、大事な事情がない限り、作業を中止して休んだりしています。

絵を描くときは、勉強とちがって「覚える」、「考える」必要がなく楽しいのですが、作業が終わる時間がバラバラだったりするので、区切りを付けて時計を見て「ああ、今、夜8時か」と、時間をチェックするようにしました。

絵の場合にも、「ここまで」と少ない量を決めて描くことにも挑戦中です。現在、夜遅くまで絵を描くことはなくなりました。

集中力と記憶の関係

私たちの記憶には、長期にわたって残す必要のある記憶と、その瞬間瞬間に必要なとりあえずの一時的記憶と、大きく2つに分かれています。たとえば、さっき見た時計の時刻は、永遠に記憶する必要はありませんし、ある特別なことが起こった時刻は、いつまでも記憶されるものです。つまり、記憶はほどよくキープし、ほどよく消去する必要があるわけです。

どうしてすごく集中するの？

脳の中に、「とりあえずの記憶」をのせておくテーブルがあると想像してみましょう。今行っている作業や、行動がうまくいくように、記憶を手にとりやすいところにおいて利用するためのテーブルです。

発達障害の人は、このテーブルがとても小さいと考えられています。小さいテーブルですから、一度にたくさんの一時的記憶をのせられません。今日の予定だとか、今の時刻だとか、周囲からの声かけだとかを気にしながら作業することが苦手なのです。

そして、そのことは、まわりから見ると、ひとつのことに集中しすぎて、ほかが見えていないように映るかもしれません。

それから、集中しすぎる背景には、集中する快感のような本人独自の感覚基準がある場合もありそうです。ほかの人と共有しにくい基準のために、理解されにくいかもしれません。

対処法のヒント

ほどほどに集中できる人はたくさんいます。ですが、「集中しすぎる」人、となるとそんなに多くはいません。集中しすぎることができることは、ひとつの能力なのです。能力、と考えると、せっかくの能力なのだから、あまりつぶさないようにしたいものですよね。

集中しすぎることと、こだわりには関連がありますから、こだわりに対する理解や対処法（考え方）が役に立ちます。

ヒント１ ● 休みタイムを

なずなさんがしているように、今日集中しすぎると困るなという日は、「２時間」とか「10 ページ」とか、時間や量を数値化してみることは有効です。「休みタイムを決めてアラームをセットしてみる」といったことも、おためしのひとつです。

ずっとつづけていたくてウズウズしても、休みタイムを短時間設定することが大切です。「短時間」を、なるだけ長い休憩時間をとるためにと引きのばしたりせずに、２分や１分で妥協してみる姿勢が、休みタイムを定着させる一歩かもしれません。

ヒント２ ● 「ほどほど」がわからないことへの理解

ほどほど、ということが「ピンとこない」、「わからない」ということへの理解もまた大切です。

周囲の人がよかれと思って、いくら「ほどほどに」とアドバイスしても、できないことをアドバイスされつづける苦しさをつくり出すようでは、本末転倒です。

とは言え、「ほどほど」がわからなくても、休みタイムのような、それに代わる具体的な指標の工夫は必要だと思います。

おまけ

❷ ひとりごと

私がよく、ひとりごとを言うわけは
私の場合は、自分のこだわりの世界と会話をしている
自分の世界に入りこんでいることがよくある
目の前にこだわりのものがあるとなおさらひとりでしゃべってしまう
これでそれがこうなってね!
そして、もうひとつのわけが
強迫症状の頭の中に、イヤな映像やことばが浮かんだとき
苦しさから、ひとりごとを強く言ってしまう
これはアカン! ちょっとまって!
大きく2つの理由でひとりごとを言いがちです
アハハ!
楽しいひとりごと
でも、外などでは緊張が強いため心の中でブツブツ言ってしまう
(外では声が出にくくなるため)
うううう、なに…!!
苦しいひとりごと

3章

いつも忙しい私

と対処法

私の場合 8 忙しい頭の中

たまには、忙しい頭の中から解放
おお！！　全部の機械が
落ち着いている！！
し～ん
チャンス！
今のうちに
そ～っと
……

やすらかな世界へ
なんだろう……
ひさびさに感じる、
このおだやかでやさしい
温かさ……
今は、
頭の中が
静かだから
まれな
このときを
十分に
味わおう

8 忙しい頭の中

頭の中は、山と谷が極端に

私の世界はほとんど毎日、大忙しです。頭の中では、いつもたくさんの出来事があるし、うれしい出来事からイヤな出来事がごちゃ混ぜになったり、楽しくて興奮したと思えば急に落ちこんだり、いろいろな音楽が流れたり……突然思い出してひとりでいきなり大笑いしたり……常に、頭の中の世界と会話している状態です（ひとりごとが多いのは、このためです）。

強迫症状の変な映像がきたり、イヤなものが私の世界に現れたら、すぐに追い払う体勢になります。作戦を考え、すぐに実行します。

今まで私が一番してきた方法は、家では、「ひとりごとで言い負かす」、外では、「猛ダッシュする」でした。

楽しいことでいっぱいになると、頭の中はハッピーなのですが、そこにいろいろな刺激が入ると、楽しかった世界が180度ひっくり返り、嵐におそわれたような感覚になります。感情の波が大きいですね……。

まるで毎日が、「異常事態になりやすい機械ばかりがある研究室」の中で生きている感じです。「あっちの機械がこわれた！」と思っていたら、次は「こっちの機械が暴走をはじめた！！！」といった状態で、ある意味「にぎやか」な頭の中なのでしょうか……。

忙しくても、なんだか楽しいような感覚になることもあります。「次はなにがくるの？」みたいな、発見だらけの毎日でもあるのです。

私の対処法

やすらかな感覚に浸(ひた)る

でも、忙しいばかりではとても疲れるので、たまには「やすらかな感覚」に浸ることも必要です。それが、まさしく「自然の中で感じてきた温かい感覚」だと思います。

天気や温度によって、思い出す「あの日」の温かい思い出は変わります。

夕方、窓から太陽の光がさしているのを見ると、すごく切ないような思いになり、心がじわじわします。

私は、木漏れ日が大好きで、見ると風を感じながら別の世界に移動します。木の葉がカサカサと風に揺れる音がして、私はその中でなんの不安もなく、晴天の空と広がる草原、やすらかでキレイな音楽を頭に思い浮かべます。

車の窓から見える景色に「自分」を思い描き、そのもうひとりの私がその景色の中で自由に走り回り、飛んだり、変身したり、次々と後ろに消えてゆく風景を猛スピードで飛び回って遊びます。その空想に浸ると、本当に空を飛んだ感覚になります。

そんなときでも、変な映像にジャマされることもあります。「その映像とうまく付き合えたらいいのに……」とも思います。

「忙しいけど面白い」と考え方を変えてみると、なんだか忙しい頭の自分が、少しだけ好きになることができました。

頭の中は大忙し

ひとつの部屋を思い浮かべてみます。その部屋は、たくさんのものであふれています。これらのものは、出没自由でそれぞれが気まぐれに出たり引っこんだり、全部消えてしまうこともあります。壁や天井には、これまた出没自由な色鮮やかなポスターやイラスト、張り紙だらけです。１枚１枚にいい思い出や苦しい思い出があるので、目に入るとたくさんの記憶や感情が押し寄せてきます。

このように、頭の中は、うれしくなったり、不安になったり、悲しくなったりと、大忙しなのです。

どうして疲れてしまうの？

さらに、頭の中では、いくつものモニターからの映像と、大小のスピーカーから音が流れています。すべてがバラバラのようでいて、瞬間瞬間は意味のある世界が現れ進行するので、その世界に左右されて、考えや気分も上下し、泣いたり笑ったり、本気でハラハラしたりと、休まるヒマがありません。かと思うと、すべて消えてしまって、しーんと静まりかえるときもあります。

感覚過敏や感受性の豊かさ、成りきり力の強さ、感情移入の深さ、強迫的イメージなどなどを背景に、ちょっとしたことからＡが思い浮かぶと、高速でＡからＢが連想され、次々にＣ、Ｄ・・・と、自動的に連想が進み、そのときどきの世界、イメージにとらわれて、反応してしまいやすいのです。その抱いたイメージによるプラスの影響もマイナスの影響も、一緒にストレートに受けとめて疲れやすいのです。

対処法のヒント

人は、自分以外のなにか（人でも、状況でも）にふり回されると、ひどく疲れやすいものです。イライラしたり、腹が立つ気持ちもわいてきてしまいます。

そして、「ふり回されたくない！」と、強く思えば思うほど、ふり回されたときに、大きなダメージを受けます。

ヒント１ ● 楽しみに変えていけたら

これを防ぐには、「イヤだイヤだ」という気持ちを、「次はなにが起こるのかな？」とか、「やすらかなイメージがやってくるといいな」という考えに置きかえてみることです。

「嫌いなものは、好きになるしかない」ということばがあります。そこまでとは言いませんが、なずなさんが言っているように、「ちょっと楽しみにして待ちかまえる」くらいの考え方が、役に立ちます。

ヒント２ ● ささやかな作業を

疲れているとき、なにが癒やしになるでしょう。人それぞれでしょうが、ことば（声かけ）は、たいていさらに疲れる元です。

誰かと一緒に、静かな、ささやかな作業（なにかをこねる、まるめるなど、手ざわりのいいものに触れるような作業）が良さそうな気がします。

私の場合 9　外出は疲れる

見て、カワイイ
服があるよ！
ゴ〜
ゴー
外出中
ガヤガヤ
ほんと！
ね！
でも、実は……
私の
頭の中
障害物
マラソン中
ハア
ハア
イテッ
15分以内
に
ゴールせよ！
攻撃に
気をつけろ

わわっ！
ズボッ
制限時間
10:49
ひえっ!!
もう……限界だ……
疲れた……
ヨロヨロ
制限時間
00:05
あ…
ゴールが見えた
あと５秒……
行けるかも
ステーン！
ひど〜い!!
時間きれ〜！
ゴール
00:00
と、いう
くらい
忙しくて
疲れて
いる……
あと ちょっと
だったのにぃ…

外出は障害物マラソン

外出を「障害物マラソン」と表現しているのは、私のイメージです。外出中は、いろいろな刺激や情報がとても多く、まるで「障害物マラソン」をしている感覚なのです。

必死に頭の中で障害物を突破しながら、時間内にゴールする……外出中はどうしてもこんな頭の中になるので、目的地へ行く途中で立ち止まって、商品を見るなどの余裕はありません。

その日の体調で、少し余裕ができるときもありますが、私の頭の中は、ほぼ忙しいです……でも、今日は「洋服を買いに行く」と決まっていると、その目的のためにいろいろな洋服を見ることはできます。

疲れてしまうと、頭や神経が変な感覚になり、やっとのこと家に帰ってホッとしても、まだ緊張状態がつづいていることもあります。

「病院のあと、食材を買いに行く」など、１つか２つの目的で外出することが限界ラインです。「外出の目的」をはっきりさせ、長時間の外出をしないほうが、頭の中のマラソンの距離が少し減ります。

あとは、障害物（刺激）を、どう軽減（対処）しながら外出できるかを考えていくことが、今後の私の課題でもあります。

自分にとってなにが一番いい対策なのか、探し出すことは困難も多いです。たくさんためして実験して、うまくいかないことも山ほどありました。でも、「あきらめないで」自分の道を探しています。

私の対処法

４つの原因と対策

「外出は疲れる」には、いろいろな理由があると思いますが、私が実感している原因には、４つのことが関係しているのだと思います。

１つ目は、 いろいろな「感覚の刺激」、音や特定のにおいなどです。これが原因で、頭の中がぐちゃぐちゃになり、安定した気持ちを失います。対策なしで街を出歩くと、いつもオドオドしてパニック状態でした。耳栓、ハンカチを使いはじめてからは、その刺激から少しでも自分を守ることができて、うれしかったです。

２つ目は、「対人恐怖」です。昔と比べると少し和らいでいますが、今でも人と道ですれちがうのは怖いので、前から人が来ると逃げて回避したいです。しかし、そんなことをすれば相手は変に思うだろうし、毎回やっていたらキリがないので、ガチガチの心のままがんばって、人とすれちがっています。この対処法は、まだ探している途中です。

３つ目は、「ものすごく激しい緊張」です。外出中は、緊張のため声帯がギュッと縮まる感覚がわかり、声が出にくくなるのです。気がつくと、口にものすごい力が入っています。「ああ、また力が入っていた……」と数分ごとに気づき、力を抜くように気をつけています。

４つ目は、「強迫症状」です。強迫症状はなんども説明しましたが、私の疲れの原因の第１位とも言えるでしょう。これは……けっこう困っています……刺激で大きく変化しやすいため、どうやってなるべく刺激の少ない生活にするか考え出しているところです。

外出が大変なわけ

第一の困難は、感覚過敏でしょう。目から耳から鼻から、皮膚から様々な刺激が入ってきます。

外を 10 メートル進む間に、もうちがう刺激が加わります。これらの刺激すべてが、最大レベルで次から次に入ってくることを想像してみてください。いかに大変かが想像できます。

感覚過敏がない人にとっては、とるに足らない小さな刺激も、感度の高いアンテナがキャッチして大きく増幅するのですから、本人はたまったものではありません。

外出時のパニックはどうして起きるの？

すべての刺激をキャッチするアンテナに、さらに、不特定多数の「人」という最強の刺激が加わります。すれちがう人の大きさ、表情、スピード、視線などなどの刺激がいっせいに押し寄せます。緊張、対人恐怖、強迫症状も活発化して、パニックのスイッチだらけになるのです。

なずなさんがわかりやすく描いているように、外出時の困難は、まわりの人が想像するさらに上の、もっともっと上の困難に満ちています。予測困難な、自分がコントロールできないもので満ち満ちているからです。

ですから、善意でも、「外に出たほうがいいよ」と言われつづけると、苦しくてたまらなくなるのです。

対処法のヒント

「外出時」というテーマで、対処法を考えるのはちょっと無理があります。というのは、外出時の困難はいくつかの困難の連合体だからです。

ヒント１ ● 困難をパートごとに考えてみる

感覚過敏や、緊張、対人恐怖といったそれぞれの困難のパートごとに対処法を具体的に考えることがいいと思います。それでも対処法を考えにくいときには、各パートをさらに小さなパートに分けていくと、どんな工夫がいいか考えやすくなります。

ヒント２ ● 不必要な外出は「なるだけしなくてもいいよ」

本人がおびやかされることのない世界が開けたり、好奇心が満たされるのであれば、それは、「外であろうが、家の中であろうがどちらも同じ価値！」という考えが、やはり基本です。

今は、インターネットなどで家の中にいても世界を広げることができます。

不必要な外出は、「なるべくしないことが一番」かもしれません。

「少しでも外出をしなさい」と言われるより、「なるだけ外出しないほうがいいよ」と言ってもらえたら、どれほど救われることでしょう。

私の場合10 脳への圧力

疲れやすい体質みたい……

帰宅して少し安心したとき、外出中には感じていなかった「疲れ」におそわれます。頭に圧力？というか、体が強く圧縮されるというか……遠心力で脳がグルグルとなったような変な感覚で、落ち着かないこともあります。疲れているときは静かに眠ればいいのに、体の感覚が変で落ち着かず、家の中をウロウロしたりすることも多いです。

外出の疲れは、だいたい一晩寝れば良くなります。しかし、私は小さいころからかなり寝つきが悪いです。体が眠いのに眠れない……なかなか大変です。昼寝も大の苦手です。

外出後は、暗い押し入れの中に入って寝るのですが、眠れないときもあります。なかなか眠れないときは、じわじわと自分の世界に入り、そのまま眠れたりすることもあります。

小さいころは、夜泣きがひどかったため、父と一緒に星空を眺めに行ったり、お決まりの岩の上に座り、夜景を見ながらお話ししたり……父は眠れるまで一緒にいてくれました。父の温かさを実感します。

気圧の変化でも、体がキツくなります。そこに疲れが入るとどうしようもなく、横になって動けないことも多いです。立つと倒れたり、しゃべることもしんどいときがあります。

疲れに気づくことが大切とわかっていますが、外出中の疲れは緊張のため、感じられることが少なく、すぐに帰れないことも多いので、前もってコンディションを整えたりします。

家の中でも疲れやすい

外出のときの大変さは先にあげましたから、いかに疲れるかは理解してもらえると思います。では、家の中ではなぜ疲れるのでしょうか？これは、記憶という刺激、勝手に浮かんでくるイメージという刺激が強まりやすいからです。

外では、次々に入ってくる外部からの刺激に追われて、記憶やイメージは少し後ろに引っこんでいますが、家の中では、グイグイと前に出てくるのです。

なずなさんいわく、「私の頭の中はいつも忙しくて騒がしい」、だそうです。静かなのは、朝起きたときの数秒だけと言っていました。

天気と関係があるの？

発達障害の人に限らず、天気が崩れる（低気圧になる）と、頭痛がしたり、体が不調だったりする人は案外多いものです。

低気圧になると、脳圧（脳はお豆腐みたいに柔らかくて、そのまわりは固い骨で守られていますが、一定の圧が存在します）との差で、脳がほんの少し外に向かって引っ張られるような状態（固い骨の内側にふくらんだ脳が押しつけられたような状態）になるせいではないかという考えがあります。

対処法のヒント

発達障害の人は、気圧によって不調だったりする体の感覚にも過敏なことが多く、低気圧にはより弱いのかもしれません。

ヒント1 ● じっと冬眠

すでにお伝えしたように、疲れた場合、視覚刺激を遮断する（暗く静かなところでまるまって休む）ことがとりあえず必要そうです。じっと冬眠するようなイメージです。

世の中の絶対正しそうなことば、「ときどき陽にあたったほうが良い」「ときどき人と交流したほうが良い」「ときどき外の空気を吸うほうが良い」「苦手なことも努力はしたほうが良い」といったことばや考えは、絶対正しそうなだけに、言われると反論しにくいものです。

これらのことばは、「ただ正しいだけ」のことです。それなのに、言われた側を追いつめることになるのは、正しくありません。

まわりが、「そりゃそうだけど、できないこともあるさ」と、譲ってほしいと思います。

ヒント2 ● 漢方薬を服用している人も

天気が悪いときの対処法は、活動をなるだけ控えて省エネで過ごし、天気の回復を待つしかなさそうですが、漢方薬には、低気圧時の脳圧を少し下げる働きのある漢方薬もあり、服用している人もいます。

また、刺激を遮断しているときに、フラッシュバックのところでお伝えしたように、自分の好きな味のガムをかむといったことをためしてみてはどうでしょうか。

おまけ

❸ おだやかな思い出

4章

私の
コミュニケーション
と対処法

私の場合 11　人とのかかわり

外出中
今日 しんどいな～
あ！なずなちゃん、元気？
知人
え！？ あ… う～んと
いいえ……ちょっと今 元気ないんです
あら～ ……

家で
「元気？」って言われたら 「はい！元気です」と返すのよ
母
え～！？
だって私、元気ないよ？ それなのに「元気です！」って 言うの？ うそになるじゃん？
深く 考えなくて いいのよ
学校でも
なずなさんおはよう 元気にしてた？
先生
えーと その…… なんか元気がなくて…… くわしくはカウンセラーに……

なかなか環境に
適応できなくて
大変なんですが
大丈夫だよ！
大変なことはないよ！
しっかりしてるよ
あれ？
私の感じる大変さは、もしかして
大変なことではないのかな？

だとしたら、どうしてこんなに
苦しくてたまらないのかな……
私が勝手に苦しんでいるだけ？
じゃあ、私の心はすごく
弱いんだ！
こんな小さいことだったのか！
私の大変さは！　あー！
小さいことでフラフラして……
ほんの小さいことで……？！
でも なんで ここまで心が
ツラいのか！？　私の心は……
わ…わからん…！
なにが大変でなにが大変じゃないの？
どんだけ私の心は 小さいんだあー！

まだ わからない……
「大変なことではない」のに
なぜ 私はツラいのか……？

どうしよう……私はこれで
社会で生きていけるのか？
クルシイのに クルシくない?
小さい心のキズナ
わからん…

努力が……足りない！！
どうすれば！！
もっと
無理して
がんばらないと
ダメかあ！

そんなある日
私が大変だと感じる
ことは、全部しょうもない
ことですか？
あのね
……

「しょうもない」ことではないのよ
人それぞれ、みんなツラい思いは
あって その人にしかわからない
苦しさも多いのよ
!
同じ苦しいことでも、人によって
ツラかったり、ツラくなかったり
感じ方は様々なのよ

なるほど そうか！
人それぞれ、感じ方がちがうのか
自分を責める必要は
なかったのかぁ

人との会話に差を感じて

私は、「タイミング」を失敗しがちです。人との会話中、いつ「さようなら」と言うのか？ お礼を言うタイミングは？「ありが…」と口に出そうとすると相手が話し出す……むずかしい……自分の意見を言うタイミングをつかめず、頭の中がパニック状態になります。

電話は相手の顔も見えないため、とても苦手です。いつも会話の中で、「また失敗したーーー！」ということの連続です。

さらに、会話のあと、「あの発言は良かったのだろうか……相手をキズつけていないだろうか？」と考えます。「考えすぎだよ」と、よく言われますし、私も「考えすぎなのだろう」とわかっています。でも、不安です。

小学１年生のころを深く思い出してみると、たくさんの子たちとたくさん話をしていたと思います。ただ、話はほぼ全部「私の興味のある内容」だけでした。私の世界観だけで、語りつづけていた記憶があります。相手も私の一方的な話に乗ってくれていたのだと、今感じます。

でも、幼かったころはケンカが絶えず、友だちを叩いてしまったり、泣かせてしまうことがよくありました。

小学２、３年生くらいから、なんだか友だちとの「差」のようなものを感じはじめていました。みんなの話す内容についていけない……と、薄々思っていました。

私の対処法

少しずつ学びながら

私の話でみんなが白けてしまうような経験が多く、友だち関係がうまくいきませんでした。毎日のようにクラスメイトから暴言を言われつづけて、もう「話しをする」「自分の意見を言う」こと自体が恐ろしかったです。そのころから、完全に学校が苦痛になりました。

しかし、自分がキズつくことを言われたりされたりして、悲しい思いになったときのことをよく分析したり考えたりするうちに、「ああ、こんなことをしたり、言ったりすると、相手はこんな気持ちになるのか……」と反省し、ふり返り、少しずつ学んだ部分もあります。

現在は、不安を少しでも消すために、会話中に「怒っていませんか？」と相手に聞いて、安心感を得るようにするときもあります。

ことばを真っすぐに受けてしまい、言われたことを真剣に考えてしまい、パニック状態になることもあります。「受け方が真っすぐで極端だ」とよく言われます。自分では、柔軟に受けているつもりなのですが、人の話を聞き終わるとどっと疲れます。全部を受けてしまい、「うまくかわす」ことがかなり苦手です。

特に大勢での雑談は、話についていくのが精一杯で、「しっかり聞かないと！」とかまえてしまいます。もう少し気楽に会話をすることができたらなぁ……と思います。（あと、無理して友だちをつくろうとするのは、やめました。自分を押し殺してがんばると生活に支障が出てしまうからです）

意識せずにはいられないコミュニケーション

コミュニケーションは、様々なことがら（表情、声のトーン、ことばづかい、話の内容、その場の雰囲気などなど）に瞬時に注意を払って、瞬時に判断しながら進めていくものですが、通常はいちいちそんなことを意識せずに行っています。

この「意識せずに」ということが、あたりまえにできる人と、できない人がいます。意識しはじめると、もうコミュニケーションはスムーズに進まず、ぎくしゃくしたり、距離ができたり、その場で浮いたりします。一つひとつのことを考えはじめると、不思議なことに「全体」というものがわかりにくくなるのです。

たくさんの人とのコミュニケーションが苦手なの？

相手がひとりであっても、Ａさんとｂさんとでは、コミュニケーションのタッチがちがうので、コミュニケーションの仕方を変えなければならず、困難です。複数の人とでは、さらに困難度がアップします。

このことを、むずかしく感じたり、怖く思う人はけっこう多いものです。その場で進行していく待ったなしの直接的なコミュニケーションは、避けたくなります。

なずなさんは、話しかけるタイミングや返事のタイミングをいつも迷っています。みんなはできているのに、自分だけができない、そういうツラさがあります。

対処法のヒント

会話（ことば）そのものには、「場合」が多くあります。通常、場合の可能性の高いものを瞬時に拾ってつないでいきますが、「なにを基準にしているの？」と問われても、うまく説明するのは困難です。

コミュニケーションを、「スキル（技術）」だと考えると、そのスキルがへたくそだと、自分のコミュニケーションそのもの、すなわち「自分そのものの、なにかがダメ」かのように悩みがちです。

ヒント1 ● 会話がなくても

スキルより大切なものがもちろんあります。相手をキズつけないような、不快な思いをさせないような気持ちがあれば、そのことは必ず相手に伝わります。

特別会話をしなくても、一緒にいて困らない、苦しくない、ラクだ、ということを、人との付き合いの中で経験するものです。そこでは、スキルはあまり問題になりません。その人の、相手への心のあり方が表れているからです。

ヒント2 ● あなたのままのコミュニケーションでいい

「要領よく臨機応変にその場に合わせる」ことを、当面あきらめてみてはどうでしょう。「あきらめる」などと言うと、ネガティブな響きがありますが、なにかを手に入れるということは、なにかをあきらめるという心の働きを必要とします。

あなたは、「あなたのままのコミュニケーションでいい」のです。そう考えることが、スタートです。そうすると、スキルの奥にある、あなたの心が伝わりやすくなるものです。

私の場合 12　ことばの境界線

力つきるまで勉強すれば
「がんばった」と言えるのかな？

内容にもよるなあ……
長い時間勉強しても、
理解できないときもあるし……
逆に、短い時間でも、
しっかり頭に入ることも……

ですので……
結果は○○の
はずです!
「はず?」ですか……
結果は どっちに
なるんですか?
白黒がはっきりした結果を
知りたがる私
白
黒

境界線がよくわからないと
不安になりやすい……
OK
NG
あいまいなことは山ほどありますが
「どこからが○○で、
どこからが○○でない」と
わからないと、
頭の中がごちゃごちゃ
になる
今は、人との会話で「はず」と
言われても「はず?」と聞き返さ
ないように気を付けている
…はずです
なので…
わかり
ました!
気になる
けど…

12 ことばの境界線

「はず」ってどっち？

私が人と話しをするときは、「世間話」や「雑談」ではなく、「大事な話」のほうが多いです。世間話をすることは、苦手です。

大事な話の中で私が引っかかりやすいことばは、「はずなのです」と言われたときです。「はず」というと、私のイメージでは「こうなるかもしれないし、こうならないかもしれない」という感じで、「どっちが正しいのか」、もっと言えば「成功するかもしれないが、失敗するかもしれない」という理解をします。

話の深刻さや場合によっては、はっきりしないことを言われると「どっちですか？」と聞き返すこともよくありました。

たとえば、「廊下で走ってはいけません！」や「ここで遊ぶのはご遠慮ください」などと言われると、「ここで○○したらダメだ」としっかり理解できます。

でも、「ここまで勉強すれば、合格するはずです」や「こういうふうにすれば、できるはずだよ」と言われたりすると、「え？ どっちなの？」ということばが浮かびます。

「ここからがＯＫ」の境界線を引くことができない場合も多いです。逆に、境界線がないほうが良いときもあるのでしょう……。

現在は、「はず」と言われても、せめて聞き返すことはやめました（気にはなりますが……）。

私の対処法

固く考えてしまうから？

私は、「ことばを固く受けとる」ことが多いため、言われたことを一つひとつ考え、調子が狂うまで奥の奥まで追求してしまいます。

また、「ここでは〇〇したらいけない」と思いすぎているようです。

たとえば、小学校で、「廊下で並んでいるときは、静かにしましょう」と朝の会で先生に言われたのに、クラスメイトたちは廊下に並ぶとガヤガヤ話しています。

「静かにするべきでしょう！！」と固く考えている私は、あとで先生にこのことを伝えました。でも先生は、「おやおや困ったねぇ……」といった感じのことを言い、改まった注意をするわけでもありません。

私には、先生に言われたことを守っていないクラスメイトのことを理解できなかったし、「なんで？？？」と思いつづける毎日でした。

「柔軟に考えようね」と言われても……なかなかむずかしいです……。

こういう考え方が強いため、疲れやすいのかもしれない……と最近思いました。

対処法は、ほど良いことばの受けとり方ができないので、「こう言われたら、どういうふうに受けとるのか？」などを、ＡＳＤ専門の先生に相談していました。現在は、両親に相談することも多くあります。

ことばの意味通りに受けとっているだけ

言われた通り、ことばの意味通りに受けとっただけなのに、それが「ちがうんだなー」と言われてしまう、大げさに言えば、ここにも生きていく困難があります。

「柔軟に考えようね」とか「適当に聞いておけばいいのよ」とか「本気で受けとめたらダメよ」とか言われても、それがとてもむずかしいのです。いくらがんばっても、むずかしくて、できなくて、途方に暮れて疲れ切ってしまいます。

どうして「あいまい」が通じないの？

特に日本では、「最近どうですか？」といった、あいさつに近いことばが多いです。「どう」が、なにに対する「どう」なのかがわからなくて、返答に困ることが発達障害の人にはよくみられます。

それから、「なぜだろう？」と思うと、一つひとつを奥の奥まで追求してしまいがちです。それこそ、調子を崩すまで突きつめてしまうことが多いのです。

世の中には、白黒がつけられないことや、あえて白黒をつけないままにしておくことも多いのですが、そういうことにも白黒をつけないと気がすまないことも特徴なのです。社会全体が使っている、「あいまいさ」というクッションを、使えない困難があります。

そして、「きちんと受けとめることが、どうしてダメなのかわからない私」を、なかなかわかってもらえない困難があるのです。

対処法のヒント

ことばの受けとり方は、誰が正しい、どちらが間違っているということではありませんよね。どちらにも一理あります。

でも、「正しいけれど……」と困った顔をされると、表情からは「正しくない」というメッセージを感じとってツライものです。

ヒント１ ● 質問できる場所、人を見つける

現実の生活の中で、困ったり、疑問に思ったりしたことを、キズつかずに安全に、なんでも質問できる場所、人が必要なのだと思います。

たとえば、カウンセリングのような場でしょう。家族が相手だと距離が近いせいか双方が疲れてしまいやすいので、家族以外の人が良さそうです。

ヒント２ ● 断定してあげる

まわりの人の対応の基本は、原則本人寄りの立ち位置に立って、一般的な（常識的な）正しさは、ひとまず脇に置いて、「今は、絶対そう受けとめて正解だよ」と断定してあげることでしょう。

このとき、「絶対」ということばを出し惜しみしないで、使ってあげることです。

さらに、「今は」ということばを付け加えることによって、まわりの人の気持ちにも折り合いがつけやすくなります。

場合によっては、そのことを考えるのは、「ここでストップ」とストップ宣言を出してあげることも、ときには必要です。

私の場合13　名前を覚えられない

みんなはどうして覚えられるの？

昔からずっとそうなのですが、「人の名前を覚えるのがむずかしい」です。

入院したときにも、看護師さんの名前が覚えられず、「あの～女の人で、髪が長くて、背が高めの看護師さんを探しているのですが……」と、その人の特徴だけを頼りにして伝えていました。

看護師さんに何回も会ったり、何回も名前を確認して、何日もかけて、やっと私は名前を覚えました。何回も何回も会って、名前を聞くと、覚えやすいです。

なのに、学校でも病院でも、先生方はなぜ1回私の顔を見ただけで、翌日にはもう私の名前を正確に答えられるのか……不思議です。

人の名前もなかなか覚えられないので、「場所や地名を覚える」ということもむずかしいです。

ここは何町なのか、自分の住んでいる住所や町など、最低限は覚えています。でも、〇〇町の〇〇橋から〇〇駅まで徒歩10分……などと言われても、正直まったくわからないことがとても多いです。

かろうじて覚えているのは、その地域や町やお店などの「特徴」です。お店の名前ではなく、「入口の黒板に、カワイイ犬の絵が描いてあるお店」という感じで、特徴で記憶しています。

〇〇町にある〇〇店と覚えることは、常識でしょう。でも、私には地名やお店の名前を覚えるということは困難なのです……。

刺激と記憶

ある刺激が記憶として脳に強く刻まれるには、刺激の強さや、頻度が関係しています。一発で記憶に残るような強い刺激もあるでしょうが、多くはくり返される刺激で記憶は強まっていきます。何年かに1回しか会わない人と、毎日会っている人とでは、名前も顔も記憶への残り具合がちがいます。

また、ある刺激がどんな感情を呼び起こすか、ということも記憶にはかかわっています。強い感情を伴う刺激は、記憶に刻まれやすくなります。

顔は覚えられるのに、どうして名前は覚えられないの？

人との付き合いは、相手の名前や、顔を覚えて、名前と顔が一致することがまずは基本ですよね。1回目はともかく、2回3回と会ううちに覚えていくものです。

私は「松本」ですが、「松本」という私の名前と、ほかの「松本」さんの「松本」にちがいはありませんよね。ただの記号のようなものですから、その情報量は少ないのです。でも、顔や姿の情報量は名前よりはるかに多いので、記憶に残りやすいのです。そもそも目から入ってくる刺激は強いのです。

発達障害の人は、名前か顔かどちらかをうまく覚えられないこと、特に、顔は覚えられるのに名前を覚えられないということが、知的能力と関係なく生じやすいのです。そのせいで、人と会うことや、話しかけられることに、とても臆病になってしまいやすいのです。

対処法のヒント

人の名前や顔は、人が受ける刺激としては小さいので、まずは短期記憶からスタートすることになります。発達障害をもつ人は、そのテーブルが小さいのでしたね。

ヒント１ ● メモを使って安心を増やす

似顔絵付きのメモなどを作って、確認できるものを持っておくのも良いでしょう。確認ができない不安が、心を弱くします。毎回うまく確認できなくても、確認の元になるもの（メモとか）を持っておくと、確認できるチャンスが増えます。メモの書きこみが増えるにしたがって、名前と顔の結び付きが強まっていくものです。また、何回会ったか回数を数えておきましょう。

ヒント２ ● 相手に知らせておく

工夫のひとつとしては、勇気がいるでしょうが、苦手なこと、できないことをなにか恥ずかしいことのように隠すのではなく、先手を打って、相手に知らせておくという方法があります。

口で説明するのはむずかしいことも多いので、あらかじめカード（名刺みたいな）を作っておいて、相手に見せるのです。たとえば、【なかなか顔と名前を覚えられないという特性があります。サポートをお願いします(^.^)】といった、ちょっとかわいいタッチのカードを用意しておいてはどうでしょう。自分だけで作るのがむずかしければ、誰かと一緒に作りましょう。

私の場合 **14**

私の世界

昔から
私の興味は限定されている

大好きなことはいくらでも話せるのに、それ以外は わからない……

ウケる面白い話で ツボにはまると
いつもいつも同じことでウケている

「なんで何回も言うの？」と
親によく言われる……

「世界が狭い」とも言われるけど、
私は、私の広い世界で生きている
……つもりなのに
なあ……

狭いけど、広い、私の世界

私は、「興味の幅」が狭いと感じます。保育園で「なずなちゃん」と言われると、「鶴って呼んで！」と言い、大泣きしたり、ケンカになったり……強い興味のあるものを、いくらでも話しつづけていました。

しかし、小学2、3年生くらいから、「なんかおかしいな……？」という感覚がありました。みんなの興味と自分の興味が合わない？……みんなの話がわからないな……みんなの世界が幅広く感じ、わからない世界が多くなりました。

合わせても、合わせ切れていない感がすごかったです。私には、「みんなの世界」を共有することがむずかしかったのだと思います。いろいろあり、ツラくなり、自分の世界をオープンにできなくなりました。

私の世界は、幅は狭いですが、その分、深い世界でもあります。ひとつのことを心から楽しめ、うれしいと感じられ、そんな世界で生きる私は、ある意味「濃い世界をもっているなあ」と感じています。

今でも、人との雑談がスムーズにいかず、混乱してしまうことも多いです。

今は、人それぞれ世界はちがって当然だと感じています。そして、今まで、私の世界を共有してもらっていたと思うと、ありがたかったと感じています。

私も、少しだけでもみんなの世界を共有できたらなと思っています。

● モノサシがひとつだけに

やはりここにも、「ほどほどの感覚が困難」という問題があります。「ほどほど」にとって必要な、目盛りがちがう複数のモノサシを、同時にうまくバランスよく使う、ということが苦手なのです。

その場その場で、良くも悪くも、本人が選んだ（選ばざるをえなかった）ひとつのモノサシだけが使われてしまうので、結果的にその瞬間の世界が限定的になってしまい、集中しすぎることになるのでしょう。もちろん、こだわりの強さも影響しています。

● 興味の幅が狭いと困るのでは？

「健全」な理想像ってなんでしょう。

興味の幅が広いことは、狭いことに比べて「いいこと」と単純に思っていませんか。少々古いことばですが、「根暗より、根明がいい」とか、「引っこみ思案より、社交的がいい」とか、つい思われがちですが、「ほんとにそうかなー？」という視点が大切です。

「興味の幅が広くて深いこと」が、目標とする理想像でもなんでもありません。「興味の幅が狭くて深い」ということのほうが、どちらかと言えば人間の性質に合っていますが、「広くて浅い」だって、別になんの問題もありません。人それぞれです。

こういうことは、その人の幸せ度にかかわっていますから、自分の興味のあり方で、自分が心地良いあり方で良いのです。

大人のみなさんには、「興味の幅が狭くて深い人は、将来成功するよ」と、言ってほしいと思います。

対処法のヒント

特に小学校や中学校では、知らず知らずにスーパーマンのような理想像を目標にしがちです。

積極的で、明るくて、どんなことにも関心をもって、友だちがたくさんいる……といった理想像に照らして、「あなたはここが弱い」、「ここをもう少し努力しなさい」と指導されがちです。

持ち味として引っこみ思案の子もいれば、なれなれしい子もいます。なのに、引っこみ思案の子は、引っこみ思案のままだと将来損をするかのように、ずっと言われつづけるかもしれません。

短距離走が遅い子に、「遅いままだと将来損をするよ」と言いつづける大人はいません。しかし、消極的な子は、学校にいる間ずっと、「もっと積極的になりなさい」と言われつづけそうな気がします。

● ぜひ、言ってあげてほしい

ことばには、私たちが思っている以上に力があります。

たとえば、「自分は弱い、勇気が足りない」と思っている子には、「私は、あなたの中にすでに強さも勇気もあると思っているの。あなたは、自分の中の強さと勇気を信じなさい」と、きちんと誰かが言ってあげると、その子はいつか、困難な場面でそのことばを頼りに踏みとどまることができるかもしれません。

やさしさが足りないように見える子には、「あなたの中に、やさしさはすでにあるよ」と、あえて言ってあげてほしいのです。その子が自分を信じる源（みなもと）をつくるつもりで。

引っこみ思案の子には、「引っこみ思案でも、絶対に幸せになれる」と、ぜひ言ってほしいと思います。

そうやって、ほめて育ててほしいのです。

おまけ

休み休みで

前の私のモットーは
「倒れるな！ 走りつづけよう」
今の私のモットーは
「倒れてもいい 少しずつ立ち直り
少しずつ 歩いていこう」
どんなに コケて痛くても……
わわっ
ドテッ
1日1ミリだったとしても
進めたらいい
元気が
あったら
たくさん
進んで
いっても
良い
1 2 3
mm
力つきてしまっても……
進むのだ
がんばれ……
休み休みでも大丈夫
少しずつが積み重なって
成長できる

5章

不登校に
なってからの私
と対処法

私の場合15　不登校時代

学校に行けなくなってからも
毎日が地獄のよう……
ぎゃあ～!!
なんでこーなのぉぉ!!
勉強するにしても肩がこって
勉強するどころじゃない
激しい
フラッシュバック
強迫症状……
ラクになりたいと
思う毎日…

死にたくなったことも
何度あったかわからない……
生きたいよ!!
生きたい!!
でも、どんなに死の
近くまで行っても
「生きたい！」という
心の思いがあった
両親との思い出を鮮明に思い出し
「死にたくない」「生きたい」と
強く思った
ナズナちゃん!
お誕生日、おめでと～
ありがとう!
ナズナちゃ～ん!
両親との思い出や、
未来の夢を思い出し
それが、私の命を守ったし
命を粗末にしてはいけないと
思った…

そんな中、私はたくさんの人に
ツラかったことを聞いてもらい
少しずつ復帰しつつあった
入院も
経験した
中２になり、少しずつ、休みつつ
フリースクールに行き出した
二度と着ること
はないと思った制服を
再び着ることができた
週３回だったけど、
先生と数学をずっと勉強して
遅れていた数学の勉強を
とりもどした

中３になると、学校で個別に
先生が勉強を教えてくれて、
学校カウンセラーの先生とも
英語の勉強をした
個別だったが
学校に行ける
ようになった
上がり、下がり、落ちこみ、
パニック、いろいろあったけど…
中学校の卒業式
業
校長室で
個別卒業式を
してもらえた
そして　通信制高校に入学
あきらめていた
夢も再び
今、思う…
あのとき先生方
が教えてくれた
おかげで
高校の
勉強についていけるように
なった
支えてくれた人たちへの感謝は永遠に

しかし、今思えばあの不登校時代の
時間は私にとって、大事な時間だっ
たのかも
しれない

それは、体と心の体力を
充電する時間でもあったから

もし、あの状態で中学校へ
行きつづけていたら……

そして、まわりの人たちの支えと
理解も、とてもありがたいものだった

あのとき、高校生になることは
不可能と思っていた私でさえ
高校生になれた……

本当にツラかったけど
不登校になって得たものもあった
まわりの人たちの支えで
乗り越えられた

私の未来は……

小学校高学年時代、環境に適応することができませんでした。苦しい中で、「うわべだけでも、明るくふるまうのだ！」という毎日でしたが、小学６年生の後半に、学校を休みがちになってしまいました。

朝起きることができず、母は眠りから覚めない私を必死に起こし、着がえさせてくれて、「卒業までがんばりなさい」と言って、学校に送ってくれていました。

やっとのこと小学校の卒業式を終え、私は、「中学校では、絶対に友だちをつくって勉強もさらにがんばる！」と、思いだけは燃えていました。実際には、自分の心身が悲鳴をあげているのは知っていましたが、「努力で乗り越えるのだ！」と思っていました。

休み時間をつぶして先生に勉強を教えていただいたり、家でも夜の12時過ぎまで勉強しました。それでも、まったく勉強についていけず落胆しながらも、「私の努力が足りないからだ……」と自分を奮い立たせ、学校に通いました。

そしてついに、体がパタリと動かなくなり、入学からたった３カ月で、不登校になりました。

「もう、私の人生終わった……この教科書は……もう二度と開けないのか……この制服は……永遠に着ることもないのか……」と。

それからというもの、毎日、激しいフラッシュバック、強迫症状、失意、情けなさにあふれた毎日で、「もう、ラクになりたい……どうせ、私の未来はないのだから……」と。

みんなの支えが重なって

中学１年生のころは、大大パニックも１日３回以上、私自身もツラかったですが、両親にもかなりツラい思いをさせていた私でした。

数カ月後、たくさん休んで体力が少し回復したところで、フリースクールに通いはじめました。先生方に、昔描いた絵を見せることからはじまり、一緒に絵を描いたりもして、楽しい時間を過ごしました。

中学２年生になり、先生と数学を勉強することになりました。はじめは問題についていけず、パニックになり逃げてしまいましたが、先生は少しずつ、少しずつ、勉強を教えてくださり、そして、数学のおくれていた内容をとりもどすことができました。

中学３年生になり、担任の先生と相談して、教科別に先生方の空いている時間に、学校で個別授業をしていただきました。フリースクールでも、先生と数学の勉強をしつづけました。個別ではありましたが、毎日外へ出て、学校へ通えるようになりました。

卒業式の日、校長室で、不登校になった生徒と卒業式をしていただきました。先生方が集まり、校歌を歌いました。感激でした……。

あのとき思った、もう二度と開くことのない教科書、永遠に着られない制服が、今、再び、開けた！着れた！

カウンセラー室での授業、カウンセラーとの相談、フリースクールの先生方……そして、いつも寄り添ってくれた両親……みんなの支えが重なって、私は大きく成長できました。

そして私は、市内の通信制高校に入学しました。

この章では、発達障害という視点から少しはなれて、別の視点の話をします。

● 今、学校を長く休んでいる子どもたちへ

私たちは（子どもも実は大人も）、未来の成果やゴールから逆算して、「そのために、今をがんばりなさい」という声に追い立てられています。

たとえば、不登校やひきこもり状態がつづくと、あたかも幸せな未来など、もはや手に入らないかのような扱われ方です。

周囲の人の心配する気持ちも、「なんとかいい未来を」という願いも、よくわかります。しかし、その願いになかなか応えられなくて、「もう、どうせダメさ」と、ひそかに自分の人生に、自分でダメ出しをしている子どもたちがたくさんいます。

不登校やひきこもり状態の人は、そうでない人たちと同じように、「ただそれぞれの固有の（つまり自分に合った）人生を歩んでいるだけだ」という考え方が、必要だと思うのです。

そのために、もし自分が、「小さな個人商店」だったら、と考えてみませんか？

「生き残れるか、生き残れないか」というモノサシ、つまり、「儲（もう）かるか儲からないか」という経済性だけをあてはめると、今の時代、

「小さな個人商店」の経営は大変むずかしいのだと思います。
では、「生き残れないから、個人商店をやめるのか？」となると、実はそう単純な話ではありませんよね。
「私は、こういう生き方が好きなのです。たとえ、将来が成功しなさそうでも、私にはこの生き方が合っているのです」、という人もいるでしょう。
通常私たちは、こういう話を聞いたら、「それもひとつの生き方だなー」と、リスペクトすると思うのです。自分にはとてもまねはできないけれど、その生き方を尊敬し、今の世の中に、そういう生き方を生きている人がいることを、生きていく勇気のように感じるかもしれません。

もうひとつ別の話をします。ある戦場カメラマンが、「なぜ生きるのか？」という若者からの問いに、「生きているとたまにいいことがあるからです」と、答えているのを聞いたことがあります。
「いいことは、人によってもちろんちがうが、それぞれの人に、それぞれの形で、ときどき、しかし、必ずやってくる。それを頼りに私は生きています」と、答えていました。
このことばは、大切だと思います。「最高最大の幸せ」を待っていると、なかなかこないでしょうが、「小さないいこと」は誰にでも必ず、ときどきやってきます。
この、「小さな」というところがコツなのです。昔話の「舌切り雀のお宿」の、大きな葛籠（つづら）、小さな葛籠の話のように、「大きい」からいいというものではありませんからね。

子どもとかかわる大人たちへ

発達障害の人たちの将来のイメージは、オールラウンドプレーヤー（どの教科もできる）ではなくて、スペシャリストです。1点特化型です。

多くの小学校、中学校は、オールラウンドプレーヤーを目標モデルとしていますから、発達障害との相性が悪いのです。

高校までは学校に適応できなかったけれど、大学や専門学校に行ったら、適応しやすかったという人はたくさんいます。

世の中は、意外とスペシャリスト（その道の1番である必要はまったくありません）で支えられています。あれもこれも選ぶわけにはいかないですからね。やがて、誰もが目標をしぼっていくのです。

また、ゴールの到達イメージばかりが強調され、目標にされているように感じます。たとえば、「苦手だからと途中で投げ出さない力」を目標にしていると、そのモノサシばかりで評価され、一部の子どもたちにとっては、将来役に立つどころか、永遠に終わりのこない、「毎日がツラい体験」がつづくことになりかねません。

ゴールから逆算した数字ではなく、「今現在のAくん、Bさんは、苦手なことに何分なら集中できるのだろうか？」という、個別の数字を知っておく必要があります。個別の今の数字が出発点です。

「今のうちに、少しでもなんとかしてあげたい」という、将来を見越しての願いもよくわかるのですが、その子の「今」を損なっていないかをどうか考えてみてください。

興味のない、面白くない科目への集中までをも、つい要求しすぎていませんか？

好きな科目、興味があることを集中してやっていると、これまで興味がなかったけれど、やっておく必要のある勉強が生まれたりするものです。原点にもどって、興味があることに集中できる力を尊重して支えることが、結果的に、興味のないことにも集中できるようになったりするものです。

それから、ルールは守らせるためにあるのではなく、「意識するためにあるものだ」、という考え方も大切です。

１日の中で時間設定を細かくしすぎると、ほぼ守れません。守らせる側も疲れ切ってしまいます。

１日の平均点を上げるのではなく、１週間の平均点を上げることを目標にすることで、日によって凸凹でも、平均で点数が上がったら「良し」とするのです。

いつでも自分を安定してコントロールできるサイボーグを目指すのではなく、「人間らしさ」を目標にしたいものです。

言いつくされてはいるのですが、まだまだ多くの人には届いていない考え方のひとつに、「工夫は、障害のあるその人に必要というよりも、周囲の人にこそ必要だ」というものがあります。これは、「努力は、誰に必要なのか？」という問いかけなのだと思います。

私の場合 16　人に支えられ

い…息が……
SOS
ゴボゴボ
ゴボゴボ
んん…
SOS
ゴボ
ゴボゴボ
………あ…れれ？
!?
SOS
サー…

わっ！
頭の中の
ぐちゃぐちゃが
整理されているよ！
あの人が……！？
私の頭の中を……
ウィ～ン
ゴボゴボ
ズルズル
息が吸えるように
整理してくれた
……

16 人に支えられ

あのときの支えが、今になって心に強く残っている

どん底で、ガチガチで、まったく心を開いていない私が、どうしてここまで回復できたのか……それは、たくさんの人たちの支援があったからです。そのときには感じていなかった「支え」が、今は強く心に残っています。

そのひとつ、かなり荒れていたころ、小学５年生のときの担任の先生は、いつもやさしく私の話を聞いてくれて、わけのわからない話にも付き合ってくれました。

私にだけ、交換日記をしてくれたこともありました。今思うと、ほぼ全部「苦しいこと」ばかりを書いていたと感じます。でも、先生は毎日毎日寄り添ってくれました。

また、こんなことがありました。廊下の棚にいつも置いてある、図工の教材が入ったダンボール箱に描かれたキャラクターが、私は大好きでした。私は廊下を通るたびに、それを見て安心していました。先生は、そのキャラクターを写真に撮って、大きな紙にコピーして私にプレゼントしてくれました。そのときは、ちょっぴり恥ずかしくて、うまくお礼を言えなかったのですが。

小学５年生のときは、学校を一度も休みませんでした。先生とキャラクターの２つの支えにより、「また、がんばろう」と思って学校に行けたのです。今思うと、どれほどありがたいことだったのか……思い出せば思い出すほど、感謝の気持ちがあふれてきます。

今でも、たまにお手紙を交換しています。とても、うれしいです。

私の対処法

人は、支えて、支えられて

「頭の中の世界」にも、私は支えられていました。私は、昔からいろいろな世界を思い描いていました。

不登校時代、どんなに苦しくても、どんなに消えたくても……私は自分の世界の中でつくってきたキャラクターたちや、こだわりを強くもっているものなどなどに、勇気づけられてきました。

私の頭の中にある、広く深く楽しい世界を思い描くよろこびというか……幸せ感のような……こだわりのものがいつもそばにある……という感覚になったり……昔の温かい思い出など……そういう思いが力になり、うれしかったし、消えそうな私の命を守ったし……今まで気がつかなかったその支えが、私を助けてくれていたことを知ったとき、感激の思いでいっぱいでした。

そして、中学１年生のときに出会ったあの人、病院の先生たち、両親の支え、たくさんの人に、いつも「なずなちゃん元気？」と声をかけていただいたこと。一つひとつが、とてもありがたくて、ことばが出ません。

私は、「ときには助けを求めることが必要」ということに抵抗がありましたが、今は、「人は支えて、支えられて生きていく」のだろうと、思います。

「支えられている」ということは、ありがたいですし、「また、がんばろう！」という気持ちになれます。どんなに小さな支えでも、私の心には強く刻まれているのです。

●「自分」という飛行機

先ほどお話しした、「個人商店」と同じように、自分を「小さな飛行機」に重ねてみることもおすすめです。

この小さな飛行機は、とてもたくさんの小さなエンジンによって飛んでいます。いくつかのエンジンがたまたま故障しても、ほかのたくさんのエンジンたちが助け合って飛びつづけられるので、全然へっちゃらです。

この小さなエンジンを、あなたにとっての「小さな味方たち」と考えてみることも悪くありません。

スーパーなオンリーワンの友だちはいなくても、その気で見渡せば、まわりに小さな味方はたくさんいます。

ときどき「小さないいこと」が訪れることを信じて進んでほしいものです。

そして、さらに、ときどき目を閉じて、自分という「小さな個人商店」「小さな飛行機」をイメージしてほしいと思います。

「小さな個人商店」という生き方が世の中にはあり、「小さな飛行機」も飛んでいます。けなげに飛んでいる「小さな飛行機」の、その「小ささ」を、心に抱きしめてほしいと思います。「自分」という飛行機ですからね。

自立とはなにか

「自立」とは、「人に頼らずに自分の力で生きていくこと」と考えている人が多いのではないでしょうか。

しかし、この考えは、自立の半分の側面を表しているにすぎません。

「真の自立」を精神科医として定義すると、「自立とは、困ったときに、人に助けを求めることができること」です。

もちろん、ある程度のところまでは自分で乗り切ってみるとして、最後の最後、本当に困ったとき、行きづまったときに、SOS を出して誰かに頼ることができることが、「自立」なのです。

「自立」は、「依存すること」とセットなのです。「困り果てても誰にも頼らない」というのは、「孤立」です。そのままでは、自爆に向かうだけです。

ですから、「自立」は、大人だからできているとは限らないのです。「自立」は、直接にはその人の強さ、弱さに結び付いてはいません。

「あなたは、困ったときに誰かに頼ることができますか？」

「助けを求める『誰か』がいますか？」

ことばをかえて問いかけるとすれば、

「あなたは、ときどきでもいいから、
誰かに甘えることができていますか？」

「甘えることを、弱さと思いこんでいませんか？」

私の場合 17 私の転機

え〜〜!!
これが私の心?
なんだこりゃカチカチやん!!
ぐちゃぐちゃの頭の中が
整理されたところに姿を現した
私の心
どうすれば!!
そんなカチカチの私の心を
あの人は……
カリカリ

いつも私の世界をたずねてきて
少しずつたがやしてくれた……
ガラガラ
同時に、希望を私の心に刻んだ
そして、大切なことに
気づかせてくれた
苦しいことも多いけど
忘れられない思い

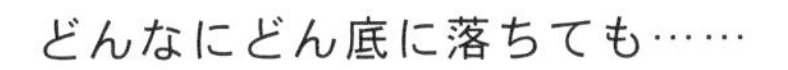
どんなにどん底に落ちても……

すべてをあきらめてしまったときが
あったとしても

心の中に残る
かすかな希望の光

信じる心が……叶えたい夢が
少しでも残っているのなら……

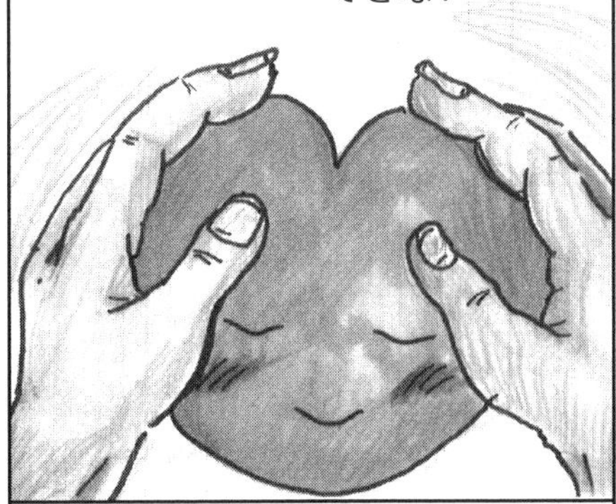
私は、その思いを捨てることは
できない……

小さな光でも信じ
大切にしていたら……
きっと
すばらしい道が
ひらけてくる

17 私の転機

たくさんの人の支えが

中学１年生まで、私の頭の中はぐちゃぐちゃで、心はカチカチでした。「なにが、どうツラいのか？」が、自分でもよくわかりませんでした。

中学１年生のある日、不登校のころ、私はある人に出会いました。その人は、私を責めず、いつもおだやかに寄り添ってくれました。

どんなに小さなしょうもない話でも、「そんなことで……」とはひと言も言わず、やさしく聞いてくれました。どんなに忙しくても、私が「お話ししたい」とメールすると、時間をとってくれて、私の苦労話をやさしく聞いてくれました。

また、私のつくったキャラクターたちを細かく見てくれて、「この子カワイイね！」といつもほめてくれました。

私があせってツラいとき、「一歩一歩でいいよ。あせらないで、カメさんで行きましょう。遠回りでも、目標へ向かうことにはちがいない。なずなちゃんのペースでいいのよ」と、いつも自信をくれました。

3、４年の間でしたが、いつも笑顔で私の世界にたずねてきてくれていました。そのかかわりの中で、私の自尊心も少しずつ回復できたのだと感じます。

さらに「生きる希望」も、もつことができました。そのときのことをふり返ると、本当に感謝です。同時に、私の頭の中も少しずつ整理されてきました。自分で自分の苦しさがわからなかった私が、自分を知っていくことができてきました。

私の対処法

自分を知ることの大切さ

昔、母が話の中で「なずなちゃんには、発達障害がある」と言っていました。そのころの私は、まだ発達障害がどのようなものかも知りませんでした。

しかし、中学１年生の不登校のころに出会ったその人に話すと、その人は発達障害についても詳しい人でした。そして、図も使って、細かく私に説明してくれました。そこではじめて、自分の発達障害を自覚しました。

そのことは、自分をもっと知り、分析していくきっかけになりました。主治医からも話を聞き、私自身の見方を変える、大きな転機となりました。

今でも、私の頭の中はいつも騒がしくて忙しいですが、その人と出会っていなければ、もっと大変で、自分を知ることもできなかったと思います。

大切なことや、希望を教えてくれ、与えてくれて、本当にありがとうございました。少しずつがんばります。

自分を知ることは、とても大切だと思います。知っていくうちに、自分の特徴を発見し、「なるほど！」と思うこともたくさんあります。

「私の頭の中は忙しい」などと自分を詳しく知れば、知らないより、パニックを少しでも軽減することができました。また、自分を知ることで、人を少しでも知ることにもつながりました。

● アイランド効果

「アイランド効果」ということばがあります。アイランドは、島という意味です。「え？　島効果？　それなーに？」と思いますよね。

自分が今いるところから、先に進むために（大げさに言えば生きのびるために）、どうしても海を渡って向こうの地に行かなければいけないとき、橋がかかっていれば楽勝なのでしょうが、橋はなく、船もない、となると、一大決心をして泳ぎはじめるしかありませんよね。

「アイランド効果」とは、人が成長していくうえで、必要な息つぎをすることができる、アイランド（島ですが、場所や人ということでもあります）の存在の大切さを指すことばです。

しばしゆっくり休める場所、癒される時間、エネルギー補給といったことがらを指しています。

ほんの小さな島であっても、そういう島があれば、それらの島を頼りに、橋も船もない海を進んで行くことができるのです。

発達障害の人たちにとって、アイランドは、身近な親や先生だったり、友だちだったり、おじいちゃんやおばあちゃんだったり、たまたまめぐり会えた大切な人だったり、あるいは、相談機関やサポート機関、医療機関であるかもしれません。

たまたま彼らとかかわりができた、まわりにいる私たちは、「彼らのアイランドになれているだろうか？」と考え、海の中のアイランドになる努力が必要なのだと思います。

●「自分」をリスペクトしてあげる

「自分を正しく知る」と言うと固いのですが、自分をちょっぴりリスペクトしてあげるために、「自分の良さを知る」ことは大切です。

自分の良さや才能は、まず、自分が信じてあげなければいけません。この、「○○してあげる」という、そのやさしい響きが大切です。このことはとても大切です。

どうしても、「自分だけでは、自分の良さを見つけられない」という人は、たくさんの人に、「私の良さはなんですか？」と聞いてみてください。案外、たくさんの良さが見つかるものですよ。

「良い」、「悪い」というモノサシとは関係のない、自分の特徴、傾向を知ることも、もちろん役に立ちます。知っておかないと、対策も作戦も立てられませんからね。

ですが、やっぱり第一に必要なのは、苦労してきた自分、悩んできた自分を、「すごいなー、たいしたもんだなー」とリスペクトしてあげることです。

私の場合 18 私は私

私は
できない人
バカな子
心が弱くて
ダメな子
頭が
おかしい
変な人
今までずっと　自分を
責めつづけていた
なんで
こうなのっ
それで
生きて
いけんの?!
しくしく…
しかし、今は
「自分を責めるのはやめよう」
と思った

私の頭の中が、
みんなと少しちがっていても
それを、自分で受け入れはじめ
「私は私」と
思うようになってきた
一人ひとりが特別で
ひとりしかいない
みんなと同じじゃなくてもいい
よしよし…
こんな私でも
自分の特性を知っていくたびに
自分が少し好きになった
忙しい頭の自分が
逆に楽しいと思えたし
自分の世界もなかなか
にぎやかでいいかなと思う
アワワ
エヘヘ
つかれるけど…
大変！
でも楽しい！
あはは！

「私」を受け入れてから

中学１年生のとき、私の人生の大きな転機となった人との話の中に出てきた、「一人ひとりが特別で、世界にひとりしかいない」ということばを思い出し、「私は私」と思えるようになってきました。

自分の世界を楽しいと思えてきたし、「なかなか悪くはないな♪」という感覚を感じました。

今でも、大変なときはとてもたくさんあります。でも、「私」を受け入れはじめてからは、ちょっとだけでも肯定的に考えるようになってきました。

大変なときと、楽しいときの波が極端で疲れますが、そこも対処していこうと思います。

自分を深く知ることで、私は考え方が少し前向きになりました。少しでも前向きになれると、今まで気づかなかった世界を見つけることもありました。

今まで私は、「ひとりで、さまよいつづけている」と思っていましたが、「ひとり」ではなかったことに気づきました。

そして、「私」は、世界にひとりだけで、みんなも一人ひとり、「ひとり」しかいません。その「ひとり」の存在はとても尊いと感じます。

がんばっている姿は、必ず誰かが見ているし、「私」という存在は、「ひとり」しかいないので、大切にしていきたいです。

自己肯定感

「自己肯定感」は、生きていくうえでとても大切な感覚です。「自己肯定感」とは、ひらたく言うと、「自分のことが好きかどうか」という感覚。それは、気に入らない部分はあっても、全体としては好きかどうか、一部の部分は好きというのもありです。

自分のことが好きになれずに、あるいは自分のことが大嫌いで悩んでいる人は、意外にたくさんいます。では、自分を好きになるにはどうしたらいいのでしょうか？

一番良いのは、「自分が好きな誰かさんから好かれる」、という体験なのですが、そうそう都合良くいかないことが多いものです。

自分と過ごす時間を大切にしてくれる人がいたら、その回数を重ね、時間を積み重ねるのも有効です。1回や2回で手に入るものではありませんからね、30回、やがて100回、という回数重ねが大切です。

なにもない、誰もいないという人は、自分以外のなにかや、誰かを好きになることが、実は自分を好きになる第一歩です。なにかや誰かは、なんでもいいのです。作家や、音楽やアイドル、好きな場所、ゲームやアニメのキャラクターや食べ物などなど、なんでも、です。

「なにかを好きな自分」って、そうでない自分より、ちょっぴり良いですよね。

もうひとつ、可能なら赤ちゃんに会いに行って抱っこしてみると、「今の、この私が、無条件に好かれている」という体験ができます。何回か会いに行っているうちに、必ずあなたを好きになってくれます。

●「スペシャリスト」と「依存」

ゲームの「スペシャリスト」がいないと、ゲーム業界は成り立ちません。よく言われるように、長所と短所は背中合わせ、コインの裏表のようなものですから、こだわることで、ゲームのクリアのしやすさ、クリアのスピードはアップするでしょう。一方で、「ゲームしすぎ」、「ゲーム依存症」とレッテルを貼られてしまいやすくなります。

「ゲーム依存」ということばには、世間的には、脳が面白がる、夢中になる、快感を得ることで、そのとりこになってしまうのではないか、という漠然とした恐れがあるのだろうと思います。

「依存」は、覚せい剤やアルコールやギャンブルなどの、本人も家族も悲惨な状態におちいるイメージが強力なのだろうと思います。

しかし、なにもかも「依存症」とひとくくりにする前に、ちがいがあることをきちんと認識しておくことが大切です。

昔、今のようなゲームがまったくなかった時代は、読書がお手軽ですぐ手に入る幸せの代表でした。寝食を忘れて読書をしていると、「本の虫」と言われたりすることはありましたが、「読書依存症」とは呼ばれませんでした。

感覚としては、本もゲームもたいしたちがいはないと思うのですが、世の中はゲームをやればやるほど評判が悪くなるようです。

「ゲームばっかりしている」と言われている人は、もっと評価されてもいいと思うのですが、どうでしょう？

あとがき

現在（2020年）の私は、無事に高校を3年で卒業しました。高校生活の中でも、たくさんの困難がありましたが、担任の先生や、スクールカウンセラーなどの助けで、学校の課程を終えることができました。

卒業してからは、体力回復のため、お休みをしています。これからは、少しずつ未来に希望をもちながら歩んでいきたいです。

今でも、大きな不安におそわれるときも、パニックを起こすこともあります。でも、自分を深く知ることで、前より軽くなった症状もあり、安定していることが多くなりました。

「自分を知る」ことは、「相手の気持ちを少しでも知る」ことにつながっていると感じます。

フラッシュバックして過去の痛みを思い出すのはとてもツラいですが、苦労した過去、どん底を経験したことで、学んだこともたくさんありました。

人は、お互い支え支えられて成長していく、自分の力だけではなくて、それを支えてくれる人がいたからこそ、今の自分があります。

あたりまえのこと、たとえば、「ご飯が食べられる」。そこには、たくさんの人たちのつながりがあるからなのだと思います。「あたりまえ」が、とても「感謝」なことだと気づくこともできました。

この本が出版できたことも、たくさんの人たちの支えがあったからだと強く思います。

私は、昔から絵を描くことが大好きでした。しかし、絵を専門的に勉強したことも、知識もありません。ほぼ独学です。

そんな私の絵を見て、「本になったらいいね」と言ってくれた主治医の松本先生。松本先生のすすめで、一緒に出版計画を考えてくれた、臨床心理士の吉岡朋実先生。このマンガに目を留めてくれたぶどう社の人たち。たくさんの人のご協力があって、この本は出版することができました。

心から感謝しています。ありがとうございました。

私も、これから倒れつつも、希望をもちつづけて、少しずつ、未来に進んでいきます。

さいごに、この本を読んでくださり、まことにありがとうございました。この本が、少しでもみなさんのお役に立つことを願っています。

2020 年 10 月　なずな

あとがき・松本先生

なずなさんは、絵や文章の中で、「やすらかな感覚」「温かい感覚」についてなんどかふれています。ちょっと抜粋してみましょう。

「夕方、窓から太陽の光がさすのを見ると、すごく切ないような思いになり、心がじわじわします。

木漏れ日が私は大好きで、見ると風を感じながら別の世界に移動します。木の葉がかさかさ風に揺れる音がして、私はその中でなんの不安もなく、晴天の空と広がる草原、やすらかでキレイな音楽を頭に思い浮かべます。

車の窓から見える景色に『自分』を思い描き、そのもうひとりの私がその景色の中で自由に走り回り、飛んだり、変身したり、次々と後ろに消えてゆく風景を猛スピードで飛び回って遊びます。その空想に浸ると、本当に空を飛んだ感覚になります」

なんと豊かな感覚とイメージの世界でしょう。

感覚過敏というと、なにかピリピリしたイメージがありますが、なずなさんが描いているように、温かさやおだやかさに対してもより過敏に、より深く感じることができるのだな、と気づかされます。

この本が、まだ小学生の子どもたちや、中学生、高校生の子どもたち、そして、家族のみなさん、学校の先生方、すべての人にとって、温かい木漏れ日がさすような、小さな救いのようなものであればいいなと思います。読んでくださって、どうもありがとう。

2020 年 10 月　松本 喜代隆

著 者

なずな

2001年生まれ。
5才のころに、高機能広汎性発達障害（自閉スペクトラム症）ADHD傾向と診断される。中学生時代に不登校を経験するが、たくさんの人々の支援を受け、卒業し、通信制高校に入学する。
2020年現在、通信制高校を3年で卒業し、体力回復を含めて休みつつ夢に向かって歩んでいる。

松本　喜代隆（マツモト　キヨタカ）

精神科医

長崎県生まれ。長崎大学卒業。
関東中央病院で児童思春期精神医学研修、国立療養所天竜病院児童思春期病棟医長、長崎大学病院精神科児童思春期外来代表、五島中央病院、国立長崎中央病院などを経て、現在医療法人清潮会さんクリニック勤務。専門は児童思春期精神医療、統合失調症。

発達障害の私の頭の中は忙しいけどなんだか楽しい

自分と向かい合うことで探した（私の場合の）対処法

著　者　　なずな・松本喜代隆

初版印刷　2020年11月20日
3刷印刷　2022年 2月20日

発行所　ぶどう社
編 集／市毛さやか
〒154-0011　東京都世田谷区上馬2-26-6-203
TEL 03（5779）3844　FAX 03（3414）3911
ホームページ　http://www.budousha.co.jp

印刷・製本／モリモト印刷　用紙／中庄

ぶどう社の関連書

ADHDと自閉症スペクトラムの自分がみつけた未来
［親子でふり返った誕生から就職まで］

● 堀内拓人＋堀内祐子著　本体1500円＋税

成長する過程で思い、考え、工夫し、みつけだした未来。

不登校に、なりたくてなる子はいない。
［子どもといっしょに考える登校支援］

● 上野良樹著　本体1700円＋税

小児科のお医者さんが実践する、未来へ繋がる再登校支援。

庭に小さなカフェをつくったら、みんなの居場所になった。
［つなげる×つながる　ごちゃまぜカフェ］

● 南雲明彦編著 みやの森カフェ著　本体1600円＋税

福祉でもない、支援でもない新しい形の居場所。

読めなくても書けなくても勉強したい
［ディスレクシアのオレなりの読み書き］

● 井上智・賞子著　本体1800円＋税

本人が、学校で仕事で自分らしさの中で、見つけた読み書きの方法

事例で学ぶ発達障害の法律トラブルQ&A

● 鳥飼 康二著　本体2000円＋税

豊富な事例を用いて、法律、解決のヒントをわかりやすく解説！

お求めは、全国書店、ネット書店で